预警情报智能分析算法

Intelligent Analysis Algorithm for Early Warning Information

李宏权 等 著

电子工业出版社·
Publishing House of Electronics Industry
北京·BEIJING

内 容 简 介

本书以预警情报分析需求为牵引，着眼于大数据、人工智能等前沿信息技术的发展，论述了预警情报智能分析的数据基础，提出了预警目标的有效运动特征、预警目标雷达散射截面积（Radar Cross Section，RCS）特征、预警目标回波显影特征、预警目标航线规律、预警目标空域规律、预警目标关联关系等智能挖掘分析算法，最后构设了预警情报智能分析平台。

本书可作为指挥信息系统工程本科、军事情报学研究生的教学用书，也可作为从事战略预警、预警情报处理分析领域教学和科研工作人员的参考书，还可为预警部队信息系统建设规划和顶层设计提供借鉴参考。

图书在版编目（CIP）数据

预警情报智能分析算法 / 李宏权等著. —北京：电子工业出版社，2024.1
ISBN 978-7-121-46755-4

Ⅰ. ①预…　Ⅱ. ①李…　Ⅲ. ①军事情报－算法分析　Ⅳ. ①E87

中国国家版本馆 CIP 数据核字（2023）第 225764 号

责任编辑：李　敏　　文字编辑：曹　旭
印　　刷：北京虎彩文化传播有限公司
装　　订：北京虎彩文化传播有限公司
出版发行：电子工业出版社
　　　　　北京市海淀区万寿路 173 信箱　邮编：100036
开　　本：720×1000　1/16　印张：13　字数：250 千字
版　　次：2024 年 1 月第 1 版
印　　次：2024 年 12 月第 3 次印刷
定　　价：99.00 元

凡所购买电子工业出版社图书有缺损问题，请向购买书店调换。若书店售缺，请与本社发行部联系，联系及邮购电话：（010）88254888，88258888。

质量投诉请发邮件至 zlts@phei.com.cn，盗版侵权举报请发邮件至 dbqq@phei.com.cn。

本书咨询联系方式：（010）88254753 或 limin@phei.com.cn。

《预警情报智能分析算法》
撰 写 组

主　　任：李宏权

副主任：梁复台　张晨浩　余　剑

成　　员：孙合敏　张　辉　汤景棉　郑　茂　尉志文

　　　　　冯　讯　王洪林　谭　帅　师维克　何文思

前 言

近年来，随着空天技术的快速发展、国际形势的复杂多变，来自空天领域的安全威胁日趋严峻。民用无人机、滑翔伞、空飘气球等新型目标"黑飞"现象频发；要地周围电磁频谱日益拥挤，电磁干扰特性复杂；边境、海岸线及气象条件复杂多变，导致异常空情数量快速增长。面对越来越复杂的空天预警态势，急需新的方法和手段解决预警情报人员对空天目标识别难、判性难的问题。

与此同时，随着预警探测手段的不断丰富、能力的不断提高，预警情报系统产生了多元、异构、海量的预警情报数据。这些数据具有典型的大数据特征，数据中蕴含着大量有价值的用于目标研判识别的证据信息。预警情报分析指基于海量的预警情报数据，利用大数据、人工智能等前沿信息技术，对预警情报大数据中蕴含的特征、规律和关联关系等用于目标研判的证据进行挖掘分析，利用挖掘出来的证据，结合实时瞬态预警情报信息，实现对空天目标的研判识别。本书针对制约预警情报分析发展的核心算法问题，以预警情报分析需求为牵引，着眼于预警目标的研判识别需要，开展预警情报智能分析算法研究；基于综合航迹、原始航迹和回波显影等数据，利用智能优化、分类、聚类、神经网络等技术，对预警目标的有效运动特征、雷达散射截面积（Radar Cross Section，RCS）特征、回波显影特征，以及预警目标航线规律、空域规律、关联关系等提出挖掘分析算法。本书构建的智能算法能够提取情报数据中蕴含的目标特征性、规律性、关联性知识，进而为预警目标的研判、识别提供证据支撑。

本书内容以李宏权及其学生的研究成果为核心，吸收了部分科研课题的研究成果，是课题组全体人员智慧的提炼和升华。这里要特别感谢空军预警学院熊家军教授、肖兵教授，他们对本书提出了许多宝贵的意见；还要感谢空军预警学院预警情报系蔡益朝主任，感谢他对本书撰写工作的支持。预警情报智能分析算法研究是一个开集问题，本书给出的六种典型算法只是预警情报智能分析算法研究的开始，希望本书能够对从事该领域研究的相关人员给予一定的启发和帮助，激发大家深入开展预警情报智能分析算法研究的热情。

本书得到某科研重点课题（课题编号：KJ20182A020120），以及空军预警学院"雷达情报分析与应用"精品课程建设的支持。

尽管我们做出了最大的努力，但由于本书内容涉及多个学科、知识面宽，有些算法还处于不断发展之中，难免存在疏漏之处，恳请专家和广大读者批评指正。

著　者

2023 年 1 月

目 录

第1章　绪论 ………………………………………………………………………… 1

　1.1　预警情报分析的相关概念 ……………………………………………………… 1

　　1.1.1　预警情报 ………………………………………………………………… 1

　　1.1.2　传统情报分析 …………………………………………………………… 3

　　1.1.3　预警情报分析 …………………………………………………………… 5

　　1.1.4　预警情报分析内涵与外延 ……………………………………………… 8

　1.2　预警情报分析的发展现状 ……………………………………………………… 8

　　1.2.1　情报分析的演进 ………………………………………………………… 9

　　1.2.2　军事情报分析的发展 …………………………………………………… 9

　　1.2.3　预警情报分析的发展 …………………………………………………… 10

　1.3　预警情报分析的地位与作用 …………………………………………………… 11

　　1.3.1　军事情报工作的重要组成 ……………………………………………… 11

　　1.3.2　空天预警作战的重要环节 ……………………………………………… 11

　　1.3.3　情报质量提升的重要途径 ……………………………………………… 12

　　1.3.4　作战指挥精准高效的重要基础 ………………………………………… 12

　1.4　预警情报智能分析算法基础 …………………………………………………… 12

　　1.4.1　智能优化算法 …………………………………………………………… 13

　　1.4.2　神经网络算法 …………………………………………………………… 17

　　1.4.3　分类算法 ………………………………………………………………… 25

　　1.4.4　关联算法 ………………………………………………………………… 29

　　1.4.5　聚类算法 ………………………………………………………………… 33

　1.5　本章小结 …………………………………………………………………………37

第 2 章　预警情报智能分析数据基础 ································ 38

　2.1　数据收集 ·· 38

　　2.1.1　数据主要来源 ·· 38

　　2.1.2　数据收集种类 ·· 40

　　2.1.3　数据收集方式 ·· 43

　2.2　数据预处理 ·· 44

　　2.2.1　数据集成 ·· 44

　　2.2.2　数据清洗 ·· 46

　　2.2.3　数据变换 ·· 49

　　2.2.4　数据规约 ·· 51

　　2.2.5　数据整编 ·· 55

　2.3　数据存储 ·· 57

　　2.3.1　存储管理架构 ·· 57

　　2.3.2　结构化数据存储 ·· 58

　　2.3.3　非结构化数据存储 ·· 59

　2.4　本章小结 ·· 62

第 3 章　预警目标有效运动特征智能提取算法 ·················· 63

　3.1　预警目标有效运动特征提取概述 ······························ 63

　　3.1.1　预警目标有效运动特征概念 ······························· 63

　　3.1.2　预警目标有效运动特征提取流程 ·························· 64

　　3.1.3　预警目标有效运动特征提取方法 ·························· 64

　3.2　基于大数据的预警目标运动特征提取 ························· 66

　　3.2.1　数据积累 ·· 66

　　3.2.2　分域提取 ·· 68

　　3.2.3　全域提取 ·· 70

　3.3　基于 GA-KNN 的预警目标有效运动特征智能提取 ········· 70

　　3.3.1　初始化运动特征种群 ··· 71

　　3.3.2　计算距离及分类 ·· 73

　　3.3.3　计算特征有效率 ·· 74

　　3.3.4　更新运动特征种群 ··· 74

3.4 预警目标有效运动特征智能提取算法试验验证 ·············· 75

3.4.1 验证环境准备 ························· 76

3.4.2 验证数据准备 ························· 76

3.4.3 GA-*K*NN 算法验证 ····················· 77

3.5 本章小结 ····························· 79

第 4 章 预警目标雷达散射截面积特征智能提取算法 ·········· 80

4.1 预警目标 RCS 特征智能提取概述 ··············· 80

4.1.1 预警目标 RCS 特征概念 ·················· 81

4.1.2 预警目标 RCS 特征提取流程 ················ 81

4.1.3 预警目标 RCS 特征提取方法 ················ 82

4.2 基于雷达方程的预警目标 RCS 特征提取 ············ 83

4.2.1 选取有效航迹点 ······················ 83

4.2.2 计算预警目标 RCS 值 ··················· 84

4.3 基于 DMPSO-LSTM 的预警目标 RCS 特征智能提取 ······ 85

4.3.1 基于 LSTM 的预警目标 RCS 特征提取模型 ········ 85

4.3.2 基于 DMPSO 的参数优化算法 ··············· 89

4.3.3 基于 DMPSO-LSTM 的预警目标 RCS 特征提取 ······ 91

4.4 预警目标 RCS 特征智能提取算法试验验证 ··········· 94

4.4.1 LSTM 算法验证 ······················ 94

4.4.2 PSO-LSTM 算法验证 ···················· 94

4.4.3 DMPSO-LSTM 算法验证 ·················· 97

4.4.4 三种算法对比 ······················· 100

4.5 本章小结 ···························· 101

第 5 章 预警目标回波显影特征智能提取算法 ············· 102

5.1 预警目标回波显影特征概述 ·················· 102

5.1.1 预警目标回波显影概念 ··················· 102

5.1.2 预警目标回波显影特征提取流程 ·············· 106

5.1.3 预警目标回波显影特征提取方法 ·············· 108

5.2 基于 CNN 的预警目标回波显影特征提取 ··········· 109

5.2.1 卷积层构造 ························· 109

5.2.2 池化层构造 ·· 110

5.2.3 全连接层构造 ·· 110

5.2.4 输出层构造 ·· 111

5.3 基于改进的 CNN 的预警目标回波显影特征提取 ········ 111

5.3.1 选取激活函数 ·· 111

5.3.2 更新模型参数 ·· 112

5.3.3 防止模型过拟合 ·· 113

5.4 预警目标回波显影特征智能提取算法试验验证 ·········· 114

5.4.1 模型设置 ··· 114

5.4.2 试验数据 ··· 115

5.4.3 仿真结果与分析 ·· 115

5.5 本章小结 ··· 118

第 6 章　预警目标航线规律智能分析算法 ························ 119

6.1 预警目标航线规律概述 ······································ 119

6.1.1 预警目标航线规律概念 ································ 119

6.1.2 预警目标航线规律分析流程 ·························· 120

6.1.3 预警目标航线规律分析方法 ·························· 121

6.2 预警目标航迹特征提取 ······································ 122

6.2.1 预警目标航迹特征提取方法 ·························· 122

6.2.2 基于拟合算法的航迹特征提取 ······················ 123

6.2.3 基于改进的自适应拟合算法的航迹特征提取 ······ 124

6.3 基于聚类的预警目标航线规律分析 ······················ 125

6.3.1 基于 K-Means++算法的航迹聚类 ·················· 125

6.3.2 基于 DBSCAN 算法的航迹聚类 ···················· 126

6.3.3 两种聚类算法的比较 ···································· 130

6.4 预警目标航线规律分析算法试验验证 ···················· 131

6.4.1 航迹特征提取效果 ······································· 131

6.4.2 基于 K-Means++算法的航迹聚类效果 ············ 134

6.4.3 基于 DBSCAN 算法的航迹聚类效果 ·············· 137

6.5 本章小结 ··· 139

第7章　预警目标空域规律智能分析算法···140

　7.1　预警目标空域规律概述···140

　　7.1.1　空域规律概念···140

　　7.1.2　空域规律分析流程···141

　　7.1.3　空域规律分析方法···142

　7.2　预警目标空域编码及数据处理·····································143

　　7.2.1　空域编码研究现状···143

　　7.2.2　空域编码方法···144

　　7.2.3　空域编码数据处理···148

　7.3　基于分类的预警目标空域规律分析·································150

　　7.3.1　基于SVC的预警目标空域规律分析·····················150

　　7.3.2　基于改进的BP网络的预警目标空域规律分析··········152

　　7.3.3　两种方法比较···153

　7.4　两类分类分析算法试验验证·······································154

　　7.4.1　试验环境及数据生成···154

　　7.4.2　基于SVC的空域分类效果·····································156

　　7.4.3　基于BP网络的空域分类效果·································156

　　7.4.4　编码方式对分类效果的影响···································157

　7.5　本章小结···158

第8章　预警目标关联关系智能分析算法···159

　8.1　关联关系规律分析概述···159

　　8.1.1　关联关系挖掘分析内容···159

　　8.1.2　关联关系挖掘分析方法···160

　　8.1.3　关联关系挖掘分析基础概念···································161

　8.2　事务数据集构建···163

　　8.2.1　事务数据集构建流程···164

　　8.2.2　连续属性离散化···165

　8.3　基于关联规则的预警目标关联关系分析·························167

　　8.3.1　基于Apriori算法的频繁项集挖掘分析·····················167

　　8.3.2　基于FP-Growth算法的频繁项集挖掘分析·················168

　　8.3.3　基于GSP算法的频繁项集挖掘分析·························168

8.3.4 基于 PrefixSpan 算法的频繁项集挖掘分析 ···················· 169

8.3.5 几种方法比较 ·· 170

8.4 预警目标关联关系分析算法效果试验 ···························· 171

8.4.1 试验环境及数据来源 ·· 171

8.4.2 关联共现模式的分析效果 ··································· 171

8.4.3 关联序列模式的分析效果 ··································· 172

8.4.4 算法的适用范围分析 ·· 173

8.5 本章小结 ·· 173

第 9 章 预警情报智能分析平台构想 ································· 174

9.1 平台的总体规划 ·· 174

9.1.1 基于 Hadoop 的分布式数据存储 ··························· 175

9.1.2 基于 Spark 的分布式并行计算 ···························· 176

9.1.3 基于 Ambari 的平台监控管理 ···························· 177

9.1.4 基于 ZooKeeper 的平台高可用 ··························· 179

9.2 构建物理上平等、管理上分层的组织架构 ······················ 180

9.2.1 全国级分析中心 ·· 180

9.2.2 区域级分析中心 ·· 181

9.2.3 部队级分析中心 ·· 181

9.3 搭建安全稳定、高可扩展的云架构 ····························· 182

9.3.1 物理支撑层 ·· 182

9.3.2 云操作系统层 ·· 183

9.3.3 基础应用层 ·· 184

9.3.4 应用层 ·· 184

9.4 梳理高效、完善的数据处理分析流程 ··························· 184

9.4.1 数据收集整编 ·· 185

9.4.2 数据存储管理 ·· 186

9.4.3 数据挖掘分析 ·· 186

9.4.4 目标研判识别 ·· 187

9.5 本章小结 ·· 187

参考文献 ·· 188

第 1 章

绪论

近年来，随着空天目标的快速发展，来自空天领域的安全威胁日趋严峻。面对越来越复杂的空天战场环境，空天目标发现难、识别难、判性难等问题日益凸显。预警情报分析作为一项重要的军事工作，是提早发现目标动向、研判目标性质、揭示目标企图的重要途径。

随着预警情报在军事领域中的地位不断提升，人们对预警情报分析的理解也在不断深入和扩展。本章从空天预警的视角出发，首先给出预警情报的概念，阐述预警情报分析的内涵与外延；其次基于预警情报分析发展现状和现代战争特点论述预警情报分析的地位作用；最后梳理出预警情报智能分析常用的基础算法。

1.1 预警情报分析的相关概念

预警情报单从字面上理解概念比较宽泛，既涉及军事领域，也涉及政治、经济、医疗等领域。本书所述预警主要是指军事领域的预警，预警情报也主要是指军事方面的情报，预警情报分析主要是对军事情报中以雷达为主要技术手段的空天预警情报进行的挖掘分析。本书虽然不是专门研究预警情报概念的书，但是对预警情报分析概念的梳理，以及对其内涵、外延的界定有助于读者对相关内容的理解。

1.1.1 预警情报

1. 军事情报

《中国大百科全书·军事》中对军事情报的定义是，为保障军事斗争需要而搜集的敌对国家、集团和战区的有关情况以及对其研究判断的成果。它是制定战略方针、国防政策和各级指挥员定下决心、指挥作战的重要依据。在这个定义中包含了目的、范围、内容和任务四个要素。军事情报在目的上是保障军事斗争的需要；在范围上是敌对国家、集团和战区；在内容上是有关情况及对其研究判断的成果；在任务上是制定战略方针、国防政策和各级指挥员定下决心、指挥作战的重要依据。

这一定义是比较科学的，但在范围上还不够全面，除"敌对国家、集团和战区"外，中立国家、友邻国家、友好国家乃至盟国盟军的有关情况亦在搜集范围之内。因为无论是"制定战略方针、国防政策"，还是"各级指挥员定下决心、指挥作战"，除敌情外，全面了解其他有关国家的态度和情况都是必要的和重要的。

基于上述分析，可以把"军事情报"定义为，为保障军事斗争的需要而搜集的有关国家和地区的与军事相关的情况，以及对其研究判断的成果，是制定战略方针、国防政策和各级指挥员定下决心、指挥作战的重要依据。

2. 预警情报定义

预警之说自古就有，在我国古代，各诸侯国就普遍建有烽火台，使用狼烟来对边关战事进行早期报警。随着科学技术的飞速发展和预警对象的不断变化，预警手段不断更新，预警能力也在不断提高。《美军军语及相关术语辞典》[①]认为，预警（Early Warning）是指对不明武器或武器运载工具的发射或接近做出早期报告。由此可见，预警对象主要是来袭的武器；预警目的是对来袭行动进行早期警报，为己方实施抗击、反击或防护行动提供足够的准备时间。

目前，理论界对"预警"概念基本达成共识。预警即预警探测（或预警监视），是指利用探测、监视和通信技术手段，搜索、发现、识别、跟踪和监视空、天、地（海）等来袭或威胁目标，以便指挥机构全面掌握战场态势信息，为己方及时、有效地实施抗击、反击或防护行动提供预先情报的活动。可见，预警对象主要是来袭或威胁目标；预警目的是提供威胁目标的预先情报，为己方有效应对威胁目标提供足够的预警时间和情报保障。

预警情报是军事情报的一个种类，属于军事领域用于预先警告的情报。预警情报可定义为，为保障有效应对敌方威胁目标的需要而搜集的敌对国家、集团和战区有关的陆、海、空、天目标的状态，以及对其研究判断形成的目标综合态势，是各级指挥员定下决心，以及指挥实施抗击、反击或防护

---

① 原美军总参谋部军训和兵种部编译，2006 年版。

作战行动的重要依据。如果"情报"可以简称为敌方情况的报告，那么"预警情报"可以简称为对敌方发起威胁行动情况的预先报告。预警探测和情报侦察是获取预警情报的主要手段。

3. 预警情报分类

预警情报的分类有多个维度，包括时间维度、空间维度、威胁等级维度、情报手段维度等。不同维度的分类之间有一定的相关性。

按照时间维度，预警情报可分为早期预警情报、临战预警情报和预警监视情报。早期预警情报和临战预警情报是指在敌方还没有实施威胁行动之前，己方通过各种情报侦察手段获取敌方即将进行威胁行动的行动计划或意向等情报；预警监视情报是指通过各种预警探测手段连续、不间断监视敌方威胁目标的实时动向而获取的情报，或者监视敌方威胁目标必须经过的区域而获取的威胁或潜在威胁目标的情报。

按照空间维度，即依据预警对象所处的空间位置，预警情报可分为防空预警情报、反导预警情报、空间目标监视情报和对地（海）监视情报。

按照威胁等级维度，预警情报可分为战略预警情报和战役战术预警情报。战略预警情报的主要对象是战略性来袭或威胁目标，如战略轰炸机、巡航导弹和弹道导弹等。战役战术预警情报的主要对象是战役战术性来袭或威胁目标，如作战飞机、海上舰船等。按照平台，预警可分为地（海）基预警、空中预警、临近空间预警和天基预警。

按照情报手段维度，预警情报可分为人力情报和技术情报。人力情报可进一步分为谍报侦察情报和武官侦察情报；技术情报可分为雷达情报、声呐情报、光电情报、技术侦察（简称技侦）情报、电子对抗（简称电抗）情报、网络情报等。

本书中预警情报主要是指利用雷达探测手段对来自空天领域的目标进行早期预警、临战预警和监视预警的情报。从情报手段维度来看，预警情报主要是指技术情报中的雷达情报、技术侦察情报、电子对抗情报等；从情报的空间维度来看，预警情报主要是指防空预警情报和反导预警情报。

1.1.2　传统情报分析

一个正确的决策，特别是军事行动决策，如果没有可靠的情报作为后盾，就不可能顺利实施。而卓有成效的情报工作又必须依靠高质量的情报分析，情报分析是情报生产的重要环节，在军事和社会领域都被广泛应用。

1. 情报分析

我国情报界对情报分析的定义是，运用科学方法，在对大量的通常是零散、杂乱的信息进行加工整理与价值评价的基础上，透过由各种关系交织而成的错综复杂的表面现象，把握其内容实质，从而获取对客观事物运动轨迹的认识。该定义将情报分析看作一种活动，并且其最终成果具有一定的预测性。但该定义仅将分析对象认定为客观事物，有一定的狭隘性。

美国《美军军语及相关术语辞典》认为，情报分析是通过对全源数据进行综合、评估、分析和解读，将处理过的信息转化为情报以满足已知或预期用户需求的过程。该定义将情报分析的对象扩展为全源数据，并且严格将处理与分析的概念进行了区分，但认为"处理"工作仅为"分析"提供服务，弱化了"处理"的作用。

从以上情报分析的定义可以看出，情报分析是对所获取的情报信息进行分析加工，得出有用的信息或者情报的过程；也就是对情报信息进行分解、合成，通过逻辑推理得出有价值的结论，即将"资料"变成"情报"的过程。传统情报分析过程如图 1.1 所示。

图 1.1 传统情报分析过程

2. 情报分析工作的特点

一是甄别与关联并举。情报分析的是"带有欺骗意图的信息"，不仅要甄别所获信息的真伪，还要把这些信息跟现有知识储备相对照，提取出有用的部分，再将其浓缩为满足特定需求的结论。

二是分析与决策互动。情报分析的首要任务就是分析层和决策层的协调与互动，将情报分析更好地整合到决策中去。

三是知识与技能共融。情报分析也是一项复杂的程序，因为分析的问题涉及不同领域且内容丰富，并且也存在初步整编、中间审核和高级综合等不同阶段，所以很多分析工作必须通过合作才能完成。

四是过程与结果交织。情报分析是一个集合多种工具和方法来认知事实真相的思维活动，这种思维活动不仅是认知的结果，而且是认知的过程。

3. 军事情报分析

军事情报分析是指军事情报机构和人员对搜集到的情报材料进行鉴别、分析和判断的科学思维活动。其目的是最大限度地揭示情报的价值。只有经过分析的情报，才能作为决策的依据。军事情报分析是一项科学性的研究工作。军事情报分析和一般科学研究的区别在于：一般的科学研究往往通过观察、试验获取事实材料，而军事情报分析则通过搜集和侦察获取事实材料。在信息化联合战争中，大量高科技技术被应用，战场形势瞬息万变，情报量大大增加，各种保护措施、欺骗伪装使情报真伪难辨，获取情报更加困难，而且获取情报的内容片段化，这就需要情报人员运用广泛的知识、科学的分析研究方法，把大量、多样的资料和素材中的有利用价值的零散片段材料加以提炼，从其相互关系和相互作用中提炼出有价值的情报。军事情报分析的过程，也就是对各种杂乱无序的情报素材进行整序、分析和综合，厘清脉络，透过现象认清事物的本质，从而做出正确的判断和决策。

1.1.3　预警情报分析

预警情报分析继承了传统军事情报分析的基本内涵，但与传统军事情报分析又有很大的不同，特别是以雷达为主要手段获取的预警情报。以雷达为主要手段获取预警情报，其"生产"方式更多强调"处理"而较少强调"分析"，这在很大程度上强调了预警情报的信息性，弱化了预警情报的情报性。

1. 处理与分析的区别

处理，有的词典中的解释是"处置、办理"；分析，《现代汉语词典》中的解释是"离析出事物本质及其内在联系"。从处理和分析这两个词的解释来看，处理和分析有着本质的区别，处理强调的是一种正在进行的工作，是采用特定的方法对产品或事物进行加工；分析突出的是一种认知活动，是将研究对象的整体分为各个部分、方面、因素和层次，分别地加以考察，细致地寻找能够解决问题的主线，并以此解决问题。情报处理更加强调机器的主体作用，情报分析更加强调人的智力作用。

目前，在情报行业内，人们在一定程度上不对"处理"和"分析"的概念严格区分，只是习惯用法不同，如对雷达情报、观通情报、声呐情报等更多地称为处理，对电子对抗侦察情报、航天航空侦察情报、人力情报等更多地称为分析。需要指出的是，情报行业内惯称的"处理"和"分析"都是相互包含的。也就是说，在上述的这些"处理"和"分析"中，"处理"和"分析"这两种工作同时存在，并且呈现出相互交织、相互迭代的过程。

2. 预警情报的生产

传统的以雷达为主要手段的防空反导预警情报的生产通常以目标探测为核心,也就是以雷达预警装备为核心,思考最多的是如何利用雷达预警探测装备看得见、辨得明。雷达获取信息后的工作,更多的是在预警情报信息系统的支撑下,情报人员基于相关信息及自身的经验,进行综合验证,生成预警情报。传统预警情报的生产过程如图 1.2 所示。

图 1.2 传统预警情报的生产过程

传统的以雷达为主要手段的防空反导预警情报的生产方式更多依赖装备本身的性能,这一方式很难满足现代战争对预警情报保障的要求,因此现代战争逼迫预警情报的生产必须要从"情报分析"的视角去思考预警情报的生产问题。

随着时间的推移,情报行业内惯称的"处理"和"分析"正在慢慢地发生改变,传统的情报生产也需要技术、系统、设备的支撑。随之而来的预警情报的生产也开始强调分析。预警情报分析的目的就是要更好地发挥人在预警情报生产过程中的作用。

3. 预警情报分析定义

预警情报分析是指综合利用多种设备、手段和方法,通过对多级多类预警情报及其相关数据的搜集和积累,充分发挥人类的智慧,基于历史大数据开展证据挖掘分析,基于实时多源信息开展预警目标研判识别分析等工作。

在这个定义中,预警情报分析的工作基础是多种设备、手段和方法,数据基础是多级多类预警情报及其相关数据,核心是发挥人类的智慧,主要工作是进行证据挖掘分析和目标研判识别分析。

"多级多类"是指装备级、部队级、区域中心级等多级防空反导预警情报数据,主要包括雷达情报数据、技术侦察情报数据、电子对抗侦察情报数据、飞行情报数据、气象情报数据等。

"相关数据"涵盖的范围较广,一是来自其他情报系统,与预警情报相关的多元情报信息，如航空航天侦察情报、北斗定位信息、数据链回传信息、气象信息、地理信息、鸟类迁徙、社会事件等；二是多级预警情报处理流程中的影响因素数据，如装备性能指标、装备工作状态、作战环境及作战人员的水平等。

"证据挖掘分析"是预警情报分析的主要工作之一，属于事后分析，即基于预警情报体系积累的海量历史数据，利用现代的大数据技术，对目标运动特征、目标雷达特征、目标辐射源信号特征、目标活动规律、事件关联关系、预警情报质量、敌对方战术战法等进行挖掘分析。

"研判识别分析"是预警情报分析的主要工作之一，属于实时分析，即利用历史大数据挖掘的证据性结果，结合目标的瞬态特性，对目标性质从不同角度进行分析，得出目标的真伪、类型、数量、属性等信息。在此基础上，依据目标运动趋势，结合重点区域、要地目标，研判其企图、评估其威胁等级。预警情报分析流程如图 1.3 所示。

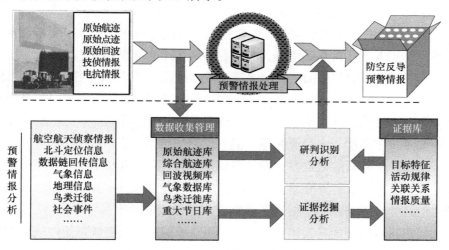

图 1.3 预警情报分析流程

4. 预警情报分析主要工作

预警情报分析是以预警情报生产为主体开展的情报数据分析工作，主要包括数据收集管理、证据挖掘分析和研判识别分析等。

数据收集管理主要针对预警体系产生的多级点航迹、侦察情报、电子对抗情报、装备状态等情报数据，以及与预警情报生产相关的飞行情报、气象信息、地理信息、鸟类迁徙、社会事件等数据进行汇聚。

证据挖掘分析主要是基于历史积累情报数据，对目标运动特征、目标雷达特征、目标辐射源信号特征、目标活动规律、目标相关因素、预警情报质量等进行的大数据挖掘分析工作。

研判识别分析主要是指基于事后挖掘分析的证据性结果，结合实时得到的目标瞬态特征，以及重点区域、要地目标，研判目标的性质，识别目标的企图，评估目标的威胁等级等。

随着战场目标环境的日益复杂，作战节奏和攻防转换不断加快，通过预警情报分析来提高预警情报的"生产"能力的需求越来越高。

1.1.4　预警情报分析内涵与外延

预警情报分析的核心目的是提高预警情报的"生产"质量，其内涵与外延可以进一步从以下几个方面理解。

第一，从分析的目的来看，预警情报分析的重点是解决预警目标的识别判性问题。通过预警情报事后分析得到的目标特征、活动规律、关联关系等结果，是目标识别研判的重要先验知识。同时，预警情报分析也可为指挥员指挥决策提供支撑，为装备的作战运用提供依据，为操纵员日常训练提供素材。

第二，从分析的对象来看，预警情报分析的直接对象是预警目标、预警装备、作战人员、目标环境等，基础是多级多类预警情报及其相关数据。

第三，从分析的结果来看，预警情报分析是以事后的大数据分析为主体，利用事后分析提取的证据性结果，结合目标瞬态信息，进行以实时研判识别分析为核心目标，以装备性能分析、情报质量分析、阵地环境分析等为拓展的多维度、多层次、多种类数据产品的综合思维活动。

第四，从分析的数据源来看，目前预警雷达可获得时域、频域、空域、极化域、多普勒域、身份域、参数域等多维预警信息，并且数据量巨大。除雷达信息外，数据源还包括电子侦察获取的目标电磁辐射特性和特征参数，技术侦察手段截获的各类语音、文字、通信等信息，航空航天侦察获取的目标图像数据，以及实时引接的民航飞行、气象、公安和人防等相关数据。预警情报分析数据源具有海量、多维、快速、价值密度低等大数据的典型特征。

第五，从分析的方法来看，预警情报分析的方法和技术很多，大数据、人工智能等信息技术已成为预警情报分析的技术主体。

1.2　预警情报分析的发展现状

了解事物的发展历史，有利于对相关概念进行理解。从严格意义上来讲，以雷达为主要手段的防空反导预警情报分析的发展历史并不是很长。关于预警情报分析的发展让我们从情报分析的演进开始讲起。

1.2.1　情报分析的演进

1. 现代科技发展的前期

从 19 世纪 70 年代到第二次世界大战前，随着科学技术的发展，学科分支增加，研究课题复杂，科学研究趋向于有组织的集体研究，同时文献数量迅速增加，文摘刊物应运而生。从 1830 年德国《药学文摘》创刊到 1940 年美国《数学评论》问世，从事科技情报整理加工和编写报道等二次文献加工的出版机构纷纷成立，以提供文献检索服务为主题的检索期刊体系已被完整确立，科技情报分析工作开始萌芽。

2. 现代科技飞速发展时期

第二次世界大战之后，独立的科技情报工作机构开始登场。科技情报工作机构的一个重要任务就是将众多的各种文种、各种载体、分散重复的文献进行整理加工，并且对内容进行深入分析、综合、评价和预测，这一工作的出现具有划时代的意义，表明科技情报工作进入了一个新的阶段，情报分析工作从此产生。

3. 信息技术迅猛发展时期

自 20 世纪 60 年代开始，信息技术的迅猛发展从根本上改变了传统情报生产的技术手段。20 世纪 70 年代以后，全面使用的计算机与远程通信技术的结合，为现代化情报生产创造了必要的技术条件，将情报生产推进到网络化组织时代。同时，整个世界呈现出科技、经济、社会一体化发展的趋势。因此，情报分析开始从科技领域向其他领域渗透。为了满足社会各阶层多样化的信息需求，除科技情报外，技术经济情报、市场情报、社会情报、政治军事情报等都开始成为情报分析的对象。在这些全方位的情报分析领域，研究者不断提出和完善各种新的分析方法，深化情报分析内涵，提高分析结果的准确性，使得情报分析成果的质量得到极大的提高。自此，作为情报生产的一种重要方式，情报分析才真正诞生。

1.2.2　军事情报分析的发展

军事情报分析的第一个高速发展期是第一次世界大战，而进入成熟期则是在第二次世界大战期间。两次世界大战虽然只间隔二十多年，但期间科技水平发生了巨大飞跃，这使得情报分析在战争中的地位与作用愈发凸显。

第二次世界大战之前，军事情报分析较为单纯，往往与谍报分析不分家，从谍报渠道获取的情报材料，常常直接用于军事；对于非军事领域缺少应有的认识和重视，缺少负责所有渠道情报分析的高级和综合性的情报整编部门。

第二次世界大战期间，各主要国家在军事情报分析方面都有了巨大进步，研究范围扩展，除军事领域外，大都包括了敌国的经济、社会、交通、工业等与军事密切相关的领域。情报分析工作职业化，与谍报相关工作有了较为明确的区分，形成了专职队伍，无论是在平时还是在战时，均拥有一批比较稳定的军事情报分析人员。

第二次世界大战之后，主要是 20 世纪 60 年代后，世界信息技术的迅猛发展，从根本上改变了传统军事情报生产的技术手段，世界各国军事情报的生产效率得到了极大的提高。在冷战时期，世界大战之所以能够避免，一个重要原因就是美苏双方都建立了全球性侦察情报保障系统，在情报分析方面投入了大量的人力、物力，对于对方的实力和意图了如指掌，都不敢轻举妄动。美苏能对两国之间几次重大危机进行冷处理及双方在核武器方面达成互相制约的"均势"，都与双方对情报分析工作的成效有关。

1.2.3　预警情报分析的发展

本书所论述的预警情报分析特指以雷达装备为主要手段的防空反导预警情报分析，因此本书中所描述的预警情报分析发展与雷达装备发展息息相关。

20 世纪 60 年代之前，雷达主要以单部独立发射电磁波来获取空中目标信息形式工作，得到的雷达情报信息比较单纯，此阶段的情报"信息特征"更为明显。因此，对于预警情报更多的是处理，而不是分析。从世界范围来看，这一阶段主要是指 20 世纪 50 年代末，美国研制出第一套"赛其"防空指挥系统之前。从我国来看，这一阶段主要是指第一套雷达情报自动化系统部署使用之前。

20 世纪 60 年代至 21 世纪初，全球信息技术的发展，特别是以计算机为核心的信息处理技术的发展，给预警情报的生产带来了新的技术手段，雷达的工作模式从独立变为组网，预警情报的生产方式从人工变为半自动化，数据的来源从单一变为多元，预警情报的生产效率得到了极大提高，情报人员在指挥信息系统的支撑下，结合飞行预报、气象条件、鸟类迁徙规律等信息，以及情报人员自身的工作经验，对空中目标的性质进行研判分析。预警情报分析在这一阶段的情报生产中逐渐走向前台。

21 世纪，随着云计算、大数据、人工智能等前沿信息处理技术的发展，预警情报的生产已经不再是程序化的自动处理，而是开启了历史大数据的预警情报智能分析时代。大数据技术解决了预警体系产生的 TB、PB 乃至 EB 级历史数据的存储问题，分布式计算解决了海量数据的抽取与计算问题。上述技术的快速发展为基于历史大数据的空天目标先验知识挖掘分析提供了技术基础，从此也开启了预警情报分析的新时代。

1.3　预警情报分析的地位与作用

随着战场环境的日益复杂、作战节奏的加快及频繁的攻防转换，传统的人工处置方式已经不能有效地应对复杂的空中态势。加强基于信息系统的预警情报综合分析与指挥处置能力，提高预警情报质量，不仅是预警系统有效履行使命责任的必然要求，而且是为各级指挥机构及其他情报用户提供可靠情报的重要保证。

1.3.1　军事情报工作的重要组成

预警情报作为军事情报的一种，是空天战场重要的情报源，是现代战争情报工作的重要组成部分。传统的预警情报生产更多的是人机结合的处理。随着战场环境的愈加复杂、信息化战争的快速发展，预警情报的生产已不再满足于看得到、看得清、辨得明，看得懂敌人的作战意图已成为预警情报生产的新要求。预警情报分析就是在这一新的战争需求下，越来越得到人们的重视，预警情报分析已成为一项重要的军事情报工作，是战场上军事情报工作的重要组成部分。

1.3.2　空天预警作战的重要环节

空天预警是指运用雷达、红外线和声光电传感器，以及对电磁辐射定位等主被动探测手段，对稠密大气空间、临近空间和外太空空间的军事目标进行早期发现、跟踪、识别和报知的作战活动。预警情报分析作为预警情报生产的重要军事活动，已成为空天预警作战的重要环节。近年来，预警装备效能的发挥受到阵地条件、电磁环境、气象条件、目标环境多种因素影响，为有效应对复杂电磁环境下各类空天目标威胁，我们必须在准确评估作战效能的基础上，合理部署、科学运用预警装备。预警情报分析不仅包括情报质量分析和空情综合研判，而且包括装备效能分析和兵力组织与战法运用分析。成体系、机制化的研究分析，可为空天预警系统作战效能的充分发挥提供重要保证。

1.3.3　情报质量提升的重要途径

情报是预警体系的核心，为各类情报用户提供全面、准确、连续的预警情报是预警体系的根本职责。情报质量，既是对预警体系作战能力的客观评价，也是信息化战争中影响战争进程和胜负的关键因素。预警情报质量取决于人员能力素质、战备水平、平台建设等各种因素，与战前研究分析、战时指挥处置、战后总结评估各环节，以及指挥机构和部（分）队各层级具有密切关系。加强预警情报分析手段建设，科学构建情报质量分析体系，明确预警情报分析职能、内容，完善预警情报分析方法与平台建设，对于提高雷达情报质量具有最直接的作用和意义。

1.3.4　作战指挥精准高效的重要基础

预警情报是作战行动的重要信息源，也是空天战场各级指挥系统作战战备行动的主要触发点。近年来，预警系统面临的空天目标环境日趋复杂，不明、异常空情时有发生，由于未能及时、准确地判明目标属性，查证处置工作延误，甚至出现严重错误、造成不良影响的事件时有发生。为有效解决空天预警系统面临的重难点问题，必须构建体系健全、机制完备、责任明确、反应迅速的预警情报分析体系。通过切实摸清预警装备效能和部（分）队情报保障能力，准确判明空中目标属性和威胁,总结梳理目标活动规律和特点，科学进行兵力组织战法运用，提高预警情报处理的时效性和可靠性，为各级指挥系统提供及时、准确、连续、全面的空天预警情报。加强预警情报分析体系建设，可有效提升预警系统作战效能，更可为各级指挥系统高效、顺畅地运行提供重要支撑。

1.4　预警情报智能分析算法基础

随着人工智能的迅速发展，其涉及的学科门类越来越多，如计算机科学、数学、心理学、哲学、语言学等。同时，人工智能在图像识别、语言处理、行政管理、金融等领域具有广泛的应用，特别是在军事领域，由于空天预警领域面临数据量大、关系复杂且难以快速处理的难题，人工智能作为一种革命性的技术，为预警情报的智能分析提供了新的技术途径。

1.4.1　智能优化算法

智能优化算法又称现代启发式算法，是一种具有全局优化性能、通用性强且适用于并行处理的算法。智能优化算法可以针对某一问题，采用智能的方法寻找最优解。例如，在预警情报分析中，提取目标有效运动特征时会面临如何提取出最优特征的问题。这种算法一般具有严密的理论依据，而不单纯凭借专家经验，理论上可以在一定的时间内找到最优解或近似最优解。因此，采用智能优化算法可以通过启发式的方法提取出最符合要求的目标特征。下面重点介绍智能优化算法中的粒子群算法和遗传算法。

1. 粒子群算法

粒子群优化（Particle Swarm Optimization，PSO）算法，简称粒子群算法，是一种全局寻优的智能优化算法，对解决群体问题有较好的效果。预警情报分析中目标的特征提取问题就属于典型的全局寻优问题，可用粒子群算法解决。

（1）算法思想。

粒子群算法是 Kennedy 和 Eberhart 受人工生命研究结果的启发，通过模拟鸟群觅食过程中的群聚行为而于 1995 年提出的一种基于群体智能的全局随机搜索算法。自然界中各种生物体均具有一定的群体行为，而人工生命的主要研究领域之一是探索自然界生物的群体行为，从而在计算机上构建其群体模型。自然界中的鸟群和鱼群的群体行为一直是科学家研究的重点。生物学家 Craig Reynolds 在 1987 年提出了一个非常有影响力的鸟群聚集模型，在仿真中，每个个体应遵循的规则包括：①避免与邻域个体相冲撞；②匹配邻域个体的速度；③飞向鸟群中心，且整个群体飞向目标。仿真中仅利用这三条简单的规则，就可以非常近似地模拟出鸟群飞行的现象。其模型和仿真算法能够使"粒子"飞向解空间，并在最优解处降落。粒子群算法从这种模型中得到启示，并用于解决群体优化问题。Kennedy 在他的书中详细描述了粒子群算法思想的起源。

（2）工作原理。

粒子群算法中每个优化问题的潜在解都是搜索空间中的"一只鸟"，称为粒子。所有粒子都有一个被优化函数决定的适应度（Fitness Value），每个粒子还有一个速度决定其飞翔的方向和距离。然后，粒子们就追随当前的最优粒子在解空间中搜索。粒子群算法初始化为一群随机粒子，然后通过迭代找到最优解。在每次迭代中，粒子通过跟踪两个极值来更新自己：第一个就是粒子本身所找到的最优解，这个解称为个体极值；另一个是整个种群目前找到的最优解，这个解是全局极值。另外，也可以不用整个种群而只用其中一部分作为粒子的邻居，那么在所有邻居中的极值就是局部极值。

假设在一个 D 维的目标搜索空间中，有 N 个粒子组成一个群落，其中第 i 个粒子表示为一个 D 维的向量 $\boldsymbol{x}_i = (x_{i1}, x_{i2}, \cdots, x_{iD})$（$i = 1, 2, \cdots, N$）。第 i 个粒子的"飞行"速度也是一个 D 维的向量，记为 $V_i = (v_{i1}, v_{i2}, \cdots, v_{iD})$（$i = 1, 2, \cdots, N$）。第 i 个粒子迄今为止搜索到的最优位置称为个体极值，记为 $\boldsymbol{P}_{\text{best}} = (p_{i1}, p_{i2}, \cdots, p_{iD})$（$i = 1, 2, \cdots, N$）。整个粒子群迄今为止搜索到的最优位置为全局极值，记为 $\boldsymbol{g}_{\text{best}} = (p_{g1}, p_{g2}, \cdots, p_{gD})$。在找到这两个最优解时，粒子根据式（1.1）和式（1.2）来更新自己的速度和位置。

$$v'_{iD} = w \times v_{iD} + c_1 r_1 (p_{iD} - x_{iD}) + c_2 r_2 (p_{gD} - x_{iD}) \tag{1.1}$$

$$x'_{iD} = x'_{iD} + v'_{iD} \tag{1.2}$$

式中，c_1、c_2 为学习因子，也称为加速常数（Acceleration Constant）；w 为惯性因子；r_1、r_2 为[0,1]内的均匀随机数。式（1.1）右边由三部分组成。第一部分为惯性（Inertia）或动量（Momentum）部分，反映了粒子的运动习惯（Habit），代表粒子有维持自己先前速度的趋势；第二部分为认知（Cognition）部分，反映了粒子对自身历史经验的记忆（Memory）或回忆（Remembrance），代表粒子有向自身历史最佳位置逼近的趋势；第三部分为社会（Social）部分，反映了粒子间协同合作与知识共享的群体历史经验，代表粒子有向群体或邻域历史最佳位置逼近的趋势。另外，$i = 1, 2, \cdots, D$，v_{iD} 是粒子的速度，$v_{iD} \in [-v_{\max}, v_{\max}]$，$v_{\max}$ 是常数，由用户设定，用来限制粒子的速度。

（3）算法流程。

粒子群算法模拟动物种群的群体行为，通过自身经验和其他成员分享的经验改变自身运动方向，以此寻找食物。一般认为，任何一种模拟动物社会行为的寻优算法都为群智能优化算法。常见的群智能优化算法有蚁群算法、粒子群算法、蛙跳算法和人工蜂群算法等。

粒子群算法主要遵循邻近原则、品质原则、多样性反应原则、稳定性原则和适应性原则。其中，邻近原则是指种群中的个体可以进行简单的时空计算；品质原则是指种群可以对所处环境的品质因素产生反应；多样性反应原则是指种群应该在较大的范围内运动；稳定性原则是指当所处环境发生变化时，种群不必每次随之改变自身行为；适应性原则是指种群应该以付出较低代价为目的，适时改变自身行为。这些原则充分反映了此类优化算法中智能主体的自主性、反应性、学习性和适应性等智能特点。粒子群算法的一般流程如图 1.4 所示。

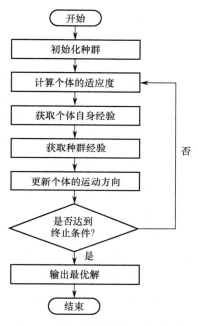

图 1.4　粒子群算法的一般流程

　　首先初始化种群，其次计算种群内所有个体的适应度，再次获取个体自身经验和种群其他个体分享的经验，最后更新个体的运动方向。若仍未达到终止条件，则继续循环迭代；若达到终止条件，则输出最优解。在预警情报分析中，可将空中目标的特征按照种群类别进行划分，运用粒子群算法，经过不断迭代，寻找出最能代表目标类别的特征。

　　2. 遗传算法

　　遗传算法（Genetic Algorithm，GA）用于模拟物种进化的过程，具有自动性、适应性等智能特点。在预警目标特征提取时，运用遗传算法能够较快地分析提取目标特征，分辨目标类别。

　　（1）算法演进。

　　遗传算法的起源可追溯到 20 世纪 60 年代初期。1967 年，美国密歇根大学 J. Holland 教授的学生 Bagley 在他的博士论文中首次提出了遗传算法这一术语，并讨论了遗传算法在博弈中的应用。但早期研究缺乏对带有指导性的理论和计算工具的开拓。1975 年，J. Holland 等提出了对遗传算法理论研究极为重要的模式理论，出版了专著《自然系统和人工系统的适配》。该书系统阐述了遗传算法的基本理论和方法，推动了遗传算法的发展。20 世纪 80 年代后，遗传算法进入兴盛发展时期，被广泛应用于自动控制、生产计划、图像处理、机器人等研究领域。

（2）工作原理。

遗传算法是从代表问题可能潜在的解集的一个种群（Population）开始的，而一个种群由经过基因编码的一定数目的个体（Individual）组成。每个个体实际上是染色体（Chromosome）带有特征的实体。染色体作为遗传物质的主要载体，即多个基因的集合，内部表现为某种基因组合，决定了个体性状的外部表现，如黑头发的特征是由染色体中控制这一特征的某种基因组合决定的。因此，开始就需要实现从表现型到基因型的映射，即编码工作。由于仿照基因编码很复杂，因此往往需要对编码进行简化，如二进制编码。

初代种群产生之后，按照适者生存和优胜劣汰的规则，逐代演化产生出越来越好的近似解，在每一代，根据问题域中个体的适应度大小选择个体，并借助自然遗传学的遗传算子进行组合交叉和变异，产生代表新的解集的种群。这个过程将导致种群像自然进化一样，后代种群比前代种群更加适应环境，末代种群中的最优个体经过解码可以作为问题近似最优解。

（3）算法流程。

首先对优化问题的可行解进行数字化编码处理，其次随机创建初始种群，然后用适应度函数计算每条染色体的适应度，接下来进行选择操作获取较优的个体，再进行交叉和变异操作产生新的个体，避免陷入局部最优解，以更高效地寻找到全局最优解。遗传算法的流程如图 1.5 所示。

步骤 1：通过随机方式创建若干按确定长度（长度与待求解问题的精度有关）编码的初始种群。

步骤 2：通过适应度函数对每个个体进行评价，选择适应度高的个体参与遗传操作，适应度低的个体被淘汰。

步骤 3：经过遗传操作（选择、交叉、变异）的个体集合形成新一代种群，直到满足终止条件。

步骤 4：将后代种群中表现最好的个体作为遗传算法的执行结果。

遗传算法具有粒子群算法的部分性质，如该算法中也存在种群的概念。但是，遗传算法更偏向于进化，它可以不断地更新种群内的个体，而粒子群算法更偏重种群内部个体的信息协作。

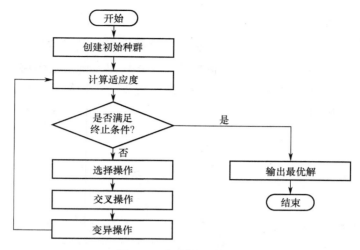

图 1.5　遗传算法的流程

在预警目标的智能提取算法中，可以在创建初始种群时编码，再通过选择操作、交叉操作和变异操作不断生成新的个体，以此更新种群，按照此法找出并提取最优的目标特征。

1.4.2　神经网络算法

神经网络算法是深度学习技术的重要组成部分，是一类自适应非线性动态系统。神经网络算法就是模仿人类神经系统，通过神经元之间的各种连接来模拟人脑的信息处理过程，让机器像人类一样思考工作，甚至可以在某些方面超越人脑的能力，帮助人们解决更多的问题。

1. 前馈神经网络

前馈神经网络（Feedforward Neural Network，FNN）简称前馈网络，是人工神经网络的一种。前馈神经网络采用一种单向多层结构，其中每一层包含若干神经元。在此种神经网络中，各神经元可以接收前一层神经元的信号，并输出到下一层。第 0 层称为输入层，最后一层称为输出层，其他中间层称为隐藏层。

（1）算法演进。

前馈神经网络是一种最简单的神经网络，各神经元分层排列。每个神经元只与前一层神经元相连，接收前一层的输出，并输出给下一层，各层间没有反馈。前馈神经网络是目前应用最广泛、发展最迅速的人工神经网络之一。其从 20 世纪 60 年代开始发展至今，理论研究和实际应用达到了很高的水平。

（2）工作原理。

前馈神经网络主要分为单层前馈神经网络和多层前馈神经网络。单层前馈神经网络是最简单的人工神经网络之一，其只包含一个输出层，输出层节点的值通过输入值乘以权重直接得到。取出其中一个神经元进行讨论，其输入到输出的变换关系为

$$s_j = \sum_{i=1}^{n} w_{ij} x_i - \theta_j \tag{1.3}$$

$$y_j = f(s_j) = \begin{cases} 1, & s_j \geqslant 0 \\ 0, & s_j < 0 \end{cases} \tag{1.4}$$

式中，x_i 是输入特征向量 $\boldsymbol{X}$ 的分量，$\boldsymbol{X} = \{x_1, x_2, \cdots, x_n\}^{\mathrm{T}}$；$w_{ij}$ 为 x_i 到 y_j 的连接权重；输出量 y_j 是按照不同特征的分类结果；θ_j 是偏置。

多层前馈神经网络有一个输入层，中间有一个或多个隐藏层（Q 为隐藏层数量），有一个输出层，前馈神经网络中的输入与输出的变换关系为

$$\begin{cases} s_i^{(q)} = \sum_{j=0}^{n_{q-1}} w_{ij}^{(q)} x_j^{(q-1)} \\ x_0^{(q-1)} = \theta_i^{(q)} \\ w_{i0}^{(q-1)} = -1 \end{cases} \quad (i = 1, 2, \cdots, n_q; \ j = 1, 2, \cdots, n_{q-1}; \ q = 1, 2, \cdots, Q) \tag{1.5}$$

$$x_i^{(q)} = f(s_i^{(q)}) = \begin{cases} 1, & s_i^{(q)} \geqslant 0 \\ -1, & s_i^{(q)} < 0 \end{cases} \tag{1.6}$$

这时每一层相当于一个单层前馈神经网络。例如，第 q 层，它形成一个 n_{q-1} 维的超平面，对该层的输入模式进行线性分类，由于是多层的组合，最终可以实现对输入模式的较复杂的分类。

（3）算法流程。

整个网络中无反馈，信号从输入层向输出层单向传播，可用一个有向无环图表示。一个典型的多层前馈神经网络如图 1.6 所示。

在进行目标优化特征的提取时，可正向输入预警目标的基本特征，经过前馈神经网络处理后，输出能够辨别目标的优化特征。

2. 循环神经网络

循环神经网络（Recurrent Neural Network，RNN）是一类以序列（Sequence）数据为输入，在序列的演进方向进行递归且所有节点（循环单元）链式连接的递归神经网络。其具体的表现形式是，网络会对前面的信息进行记忆并应用于当前输出的计算中，即隐藏层之间的节点不再是无连接的

而是有连接的，并且隐藏层的输入不仅包括输入层的输出，还包括上一时刻隐藏层的输出。该算法可将上个节点的目标特征进行再次分析，增加了反馈功能，以保证目标特征的准确性。

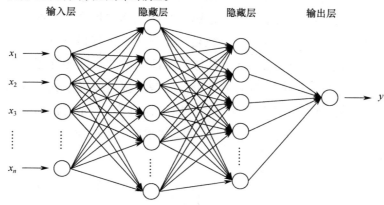

图 1.6 多层前馈神经网络

（1）算法演进。

对循环神经网络的研究始于 20 世纪八九十年代，并在 21 世纪初发展为深度学习（Deep Learning）算法之一。其中，双向循环神经网络（Bidirectional RNN，Bi-RNN）和长短时记忆（Long Short-Term Memory，LSTM）网络是常见的循环神经网络。

（2）工作原理。

在经典的循环神经网络中，状态的传输是从前往后单向进行的，然而在有些问题中，当前时刻的输出不仅与之前的状态有关，也与之后的状态有关，这就需要使用双向循环神经网络解决此问题。双向循环神经网络是由两个单向循环神经网络上下叠加在一起组成的，输出由这两个单向循环神经网络的状态共同决定。在每个时刻 t，输入会同时提供给这两个方向相反的循环神经网络。双向循环神经网络结构如图 1.7 所示。

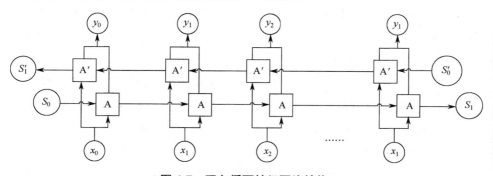

图 1.7 双向循环神经网络结构

双向循环神经网络可以解决序列数据中长期依赖、梯度爆炸、梯度消失的问题。

LSTM 网络是一种拥有三个"门"结构的特殊网络结构。LSTM 网络靠一些"门"的结构让信息有选择性地影响神经网络中每个时刻的状态。门结构就是一个将 Sigmoid 函数和一个按位乘法结合在一起的操作。

称为门是因为使用 Sigmoid 函数作为激活函数的全连接神经网络层会输出一个 0~1 的数值,描述当前输入有多少信息量可以通过这个结构。这个结构的功能类似一扇门,当门打开时(输出为 1),全部信息都可以通过;当门关上时(输出为 0),任何信息都无法通过。LSTM 网络单元结构如图 1.8 所示。

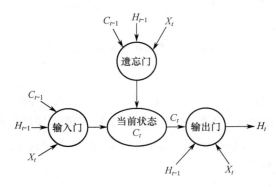

图 1.8　LSTM 网络单元结构

遗忘门和输入门至关重要。通过遗忘门和输入门,LSTM 网络单元结构可以更加有效地决定哪些信息应该被遗忘,哪些信息应该被保留。

遗忘门:让循环神经网络"忘记"之前没有用的信息。遗忘门会根据当前的输入 X_t、上一时刻状态 C_{t-1}、上一时刻的输出 H_{t-1} 共同决定哪一部分记忆需要被遗忘。

输入门:在循环神经网络"忘记"了部分之前的状态后,它还需要从当前的输入补充最新的记忆,这个过程需要输入门完成。输入门会根据 X_t、C_{t-1}、H_{t-1} 决定哪些部分将进入当前时刻的状态 C_t。

输出门:LSTM 网络单元结构在计算得到新的状态 C_t 后需要产生当前时刻的输出,这个过程是由"输出门"完成的。输出门根据最新的状态 C_t、上一时刻的输出 H_{t-1} 和当前的输入 X_t 来决定该时刻的输出 H_t。

(3)算法流程。

循环神经网络算法具有短期记忆能力,可以处理时间序列数据。当前,

RNN 已经被广泛应用于文本处理、语音识别、语言翻译和序列预测等诸多领域。RNN 结构如图 1.9 所示。

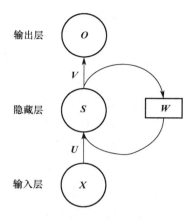

图 1.9　RNN 结构

不同于典型的全连接神经网络，RNN 的隐藏层内有一种循环结构。如图 1.9 所示，X 是一个输入向量；S 是隐藏层向量；U 是从输入层到隐藏层的权重矩阵；O 是输出层向量；V 是从隐藏层到输出层的权重矩阵。另外，S 取决于当前的输入向量 X 和上一隐藏层的 s_{t-1}；W 是上一隐藏层的值在本层的权重。RNN 按时间展开如图 1.10 所示。

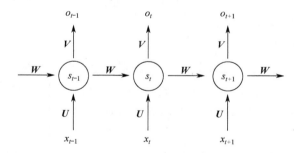

图 1.10　RNN 按时间展开

从图 1.10 中可知，在 t 时刻，神经元在接收输入向量 X 的同时还会受上一时刻 s_{t-1} 的影响，最终得到隐藏层的值 s_t；然后得到输出层的值 o_t。输出层的所有神经元都与上一隐藏层的所有神经元相连，输出层的值为

$$o_t = g(Vs_t) \tag{1.7}$$

式中，V 为输出层的权重矩阵；g 为激活函数。

隐藏层是 RNN 中的循环层，其值的计算公式为

$$s_t = f(Ux_t + Ws_{t-1}) \tag{1.8}$$

式中，U 为输入向量 X 的权重矩阵；W 为上一时刻的输出作为这一时刻的输入的权重矩阵；f 为激活函数。

将式（1.7）代入式（1.8），可得

$$
\begin{aligned}
o_t &= g(Vs_t) \\
&= Vf(Ux_t + Ws_{t-1}) \\
&= Vf(Ux_t + Wf(Ux_{t-1} + Ws_{t-2})) \\
&= Vf(Ux_t + Wf(Ux_{t-1} + Wf(Ux_{t-2} + Ws_{t-3}))) \\
&= Vf(Ux_t + Wf(Ux_{t-1} + Wf(Ux_{t-2} + Wf(Ux_{t-3} + \cdots))))
\end{aligned}
\tag{1.9}
$$

从式（1.9）可以看出，RNN 输出层的值 o_t 与该时刻及其之前所有时刻的输入值 $x_t, x_{t-1}, x_{t-2}, x_{t-3}, \cdots$ 相关。这也正是 RNN 循环的意义所在。在对预警目标特征进行智能提取时，可对分段提取的结果进行分析，对正确的结果保留，对错误的结果删除，保证所提取特征的准确性。

在实际应用中，RNN 一般采用梯度下降的方法训练模型，但是当处理较长序列时会发生梯度爆炸或梯度消失，RNN 无法捕捉到长距离信息的影响。

3. 卷积神经网络

卷积神经网络（Convolutional Neural Network，CNN）是一类包含卷积计算且具有深度结构的前馈神经网络，是深度学习的代表算法之一。卷积神经网络具有表征学习（Representation Learning）能力，能够按其阶层结构对输入信息进行平移不变分类。

（1）算法演进。

20 世纪 60 年代，Hubel 等通过对猫视觉皮层细胞的研究，提出了感受野这个概念。20 世纪 80 年代，Fukushima 在感受野概念的基础之上提出了神经认知机的概念，神经认知机可以看作卷积神经网络的第一个实现，其将一个视觉模式分解成许多子模式（特征），然后进入分层递阶式相连的特征平面进行处理。它试图将视觉系统模型化，使其在物体有位移或发生轻微变形的情况下也能完成识别。

CNN 由纽约大学的 Yann LeCun 于 1998 年提出。CNN 本质上是一个多层感知器，其成功的关键在于它所采用的局部连接和共享权重的方式，一方面减少了的权重的数量使得网络易于优化，另一方面降低了过拟合的风险。CNN 是神经网络的一种，它的权重共享网络结构使之更加类似于生物神经网络，降低了网络模型的复杂度，减少了权重的数量。该优点在网络输入是多维图像时表现得更为明显，使图像可以直接作为网络的输入，避免了传统识别算法中复杂的特征提取和数据重建。在二维图像处理方面 CNN 有众多优势：能自行抽取图像特征，包括颜色、纹理、形状及图像的拓扑结构；在处理二维图像问题时，特别是识别位移、缩放及其他形式扭曲不变性的应用中具有良好的健壮性和较高的运算效率等。

（2）工作原理。

卷积神经网络仿造生物的视知觉机制构建，其隐藏层内的卷积核参数共享性和层间连接的稀疏性使得卷积神经网络能够以较小的计算量提取特征，如对像素和音频进行学习，有稳定的效果且对数据没有额外的特征工程要求。卷积神经网络是一种多层的监督学习神经网络，隐藏层的卷积层和池化层是实现卷积神经网络特征提取功能的核心模块。该网络模型通过梯度下降法最小化损失函数对网络中的权重参数逐层反向调节，通过频繁的迭代训练提高网络的精度。卷积神经网络的低隐层由卷积层和最大池化层交替组成，全连接层对应传统多层感知器的隐藏层和逻辑回归分类器。第一层全连接层的输入是由卷积层和池化层进行特征提取得到的特征图像。最后一层输出层是一个分类器，可以采用逻辑回归、Softmax 回归甚至支持向量机对输入图像进行分类。

卷积神经网络结构包括卷积层、池化层、全连接层。每一层有多个特征图，每个特征图通过一种卷积滤波器提取输入的一种特征，每个特征图有多个神经元。

卷积层：使用卷积层的原因是，通过卷积运算，可以使原信号特征增强，并且降低噪声。

池化层：使用池化层的原因是，根据图像局部相关性原理，对图像进行池化，可以减小计算量，同时保持图像旋转不变性。

采样的目的主要是混淆特征的具体位置，因为某个特征找出来后，它的具体位置已经不重要了，我们只需要这个特征与其他特征的相对位置，如图像 "8"，当我们得到了上面一个 "o" 时，我们不需要知道它在图像中的具体位置，只需要知道它下面又是一个 "o" 就可以了，因为 "8" 在图像中是偏左还是偏右都不影响我们认识它，这种混淆具体位置的策略能对变形和扭曲的图像进行识别。

全连接层：采用 Softmax 函数全连接，得到的激活值即卷积神经网络提取到的图像特征。

卷积层的 map 个数是在网络初始化时指定的，而 map 的大小是由卷积核和上一层输入 map 的大小决定的，假设上一层的 map 大小是 $n \cdot n$，卷积核的大小是 $k \cdot k$，则该层 map 的大小是 $(n-k+1) \cdot (n-k+1)$。

CNN 的基本结构中包括两种特殊的神经元层，一是卷积层，每个神经元的输入与前一层局部相连，并提取该局部的特征；二是池化层，是用来求局部敏感性与进行二次特征提取的计算层。这种两次特征提取结构减小了特征分辨率，减少了需要优化的参数数目。

CNN 是部分连接网络，其底层是特征提取层（卷积层），接着是池化层，然后可以继续增加卷积层、池化层或全连接层。用于模式分类的 CNN，通常在最后层使用 Softmax 函数。

一般情况下，CNN 的结构形式是：输入层→卷积层→池化层→（重复卷积、池化层）……→全连接（Full-Connected）层→输出层。输入层大小一般为 2 的整数倍，如 32、64、96、224、384 等。通常卷积层使用较小的Filter，如 3×3，最大为 5×5。池化层用于对卷积结果进行降维，如选择 2×2的区域对卷积层进行降维，则选择 2×2 区域的最大值作为输出，这样卷积层的维数就降为之前的一半。

（3）算法流程。

CNN 通过三种方法来实现识别图像的位移、缩放和扭曲不变性，即局域感受野、权重共享和次抽样。局域感受野指的是每一层网络的神经元只与上一层的一个小邻域内的神经单元连接，通过局域感受野，每个神经元可以提取初级的视觉特征，如方向线段、端点和角点等；权重共享使得 CNN 具有更少的参数，需要相对少的训练数据；次抽样可以减小特征的分辨率，实现对位移、缩放和其他形式扭曲的不变性。卷积层之后通常用一个次抽样层来缩短计算时间、建立空间和结构上的不变性。

构造好网络之后，需要对网络进行求解，如果像传统神经网络一样分配参数，则每个连接都会有未知参数。而 CNN 采用的是权重共享，一幅特征图上的神经元共享同样的权重可以大大减少自由参数，而且权重共享可以用来检测相同的特征在不同角度的表示效果。在网络设计中抽样层与卷积层通常交替出现，全连接层的前一层通常为卷积层。

在 CNN 中，权重更新是基于反向传播算法的。CNN 本质上是一种从输入到输出的映射，它能够学习大量的输入与输出之间的映射关系，而不需要任何输入和输出之间的精确数学表达式，只要用已知的模式对网络加以训练，网络就具有输入、输出对之间的映射能力。卷积神经网络执行的是监督训练，所以其样本集是由向量对构成的，如输入向量、目标输出向量。所有这些向量对，都应该来源于网络即将模拟系统的实际"运行"结构，它们可以从实际运行系统中采集。在开始训练前，所有的权重都应该用一些不同的"小随机数"进行初始化。"小随机数"用来保证网络不会因权重过大而进入饱和状态，从而导致训练失败；"不同"用来保证网络可以正常学习。实际上，如果用相同的数值去初始化权重矩阵，则网络无学习能力。

训练算法主要包括四步，这四步分为以下两个阶段。

第一阶段，向前传播阶段。

步骤 1：从样本集中取一个样本，输入网络。

步骤 2：计算相应的实际输出；在此阶段，信息从输入层经过逐级变换，传送到输出层。这个过程也是网络在完成训练后正常执行的过程。

第二阶段，向后传播阶段。

步骤 3：计算实际输出与相应的理想输出的差。

步骤 4：按极小化误差的方法调整权重矩阵。

这两个阶段的工作一般受精度要求的控制。

网络的训练过程如下。

步骤 1：选定训练组，从样本集中分别随机地寻求 N 个样本作为训练组。

步骤 2：将各权重、阈值，设置成小的接近 0 的随机值，并初始化精度控制参数和学习率。

步骤 3：从训练组中取一个输入模式加入网络，并给出它的目标输出向量。

步骤 4：计算中间层输出向量，计算网络的实际输出向量。

步骤 5：将输出向量中的元素与目标向量中的元素进行比较，计算输出误差；对于中间层的隐单元也需要计算出误差。

步骤 6：依次计算各权重的调整量和阈值的调整量。

步骤 7：调整权重，调整阈值。

步骤 8：在经历 M 轮迭代后，判断指标是否满足精度要求，如果不满足，则返回步骤 3，继续迭代；如果满足，就进入下一步。

步骤 9：训练结束，将权重和阈值保存在文件中。这时可以认为各个权重已经达到稳定，分类器已经形成。再一次进行训练，直接从文件中导出权重和阈值进行训练，不需要进行初始化。

通过以上过程，将复杂繁多的预警目标特征进行简化后，即可输出可辨别目标类型的特征。

1.4.3　分类算法

分类是在已知研究对象分为若干类的情况下，确定新的对象属于哪一类的过程。分类算法属于一种有监督学习。

1. K 最近邻算法

K 最近邻（K-Nearest Neighbor，KNN）算法是一种经典的分类算法。在设定 K 值后，可以将多个目标按一定的要求分为 K 类，从而方便对预警情报进行深入分析。

（1）算法演进。

KNN 算法由 Cover 和 Hart 于 1968 年提出，是一个理论上比较成熟的算法，其思想为：对于一个测试文本，计算它与训练样本中每个文本的相似度，找出 K 个最相似的文本，根据加权距离和判断测试文本的所属类别。随着 KNN 算法的发展，其优点逐渐显现，理论成熟、思想简单，可用于非线性问题，训练时间短、计算复杂度低使得它在解决预警目标航线分类问题上有着很强的优越性，多用来解决相关问题。

（2）工作原理。

KNN 算法是通过计算两个个体之间的距离及相似性来进行分类的，几乎适合任何数据集，同时计算量会很大。从训练集中找到和新数据距离最近的 K 条记录，然后根据这 K 条记录的分类来决定新数据的类别。因此，使用 KNN 算法的关键是训练集与测试集的选取、距离或相似性度量指标的确定、K 的大小及分类决策规则的确定。

KNN 算法的核心思想：如果一个样本与特征空间中的 K 个最相邻的样本中的大多数属于某一个类别，则该样本也属于这个类别，并具有这个类别样本的特征。其优点是无须进行训练，适合对稀有事件进行分类和多分类，效果好于支持向量机；缺点是对测试样本分类时的计算量大，内存开销大。

（3）算法流程。

第一，将数据分为训练集和测试集，计算测试集中的每个样本与训练集中所有样本的距离；第二，按照距离对训练样本进行排序；第三，选取距离最小的 K 个训练样本；第四，统计 K 个训练样本中所有出现过的类别及其频次，并将测试样本归类于出现频次最多的类别；第五，当所有测试样本分类完毕后，对比测试样本的分类类别与真实类别，计算分类的准确率。KNN 算法流程如图 1.11 所示。

2. 支持向量机

支持向量机（Support Vector Machine，SVM）是一种二分类模型，属于有监督学习，它通过寻找一个超平面对样本数据进行二分类。

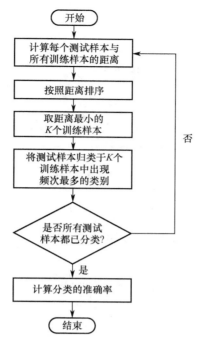

图 1.11　*KNN* 算法流程

（1）算法演进。

SVM 是 Cortes 和 Vapnik 于 1995 年首先提出的，它在解决小样本、非线性及高维模式识别问题中表现出许多特有的优势，并能够推广应用到函数拟合等其他机器学习问题中。SVM 建立在统计学习的 VC 维理论和结构风险最小原理的基础上，根据有限的样本信息在模型复杂性和学习能力之间寻求最佳折中，以期获得最好的推广能力。

（2）工作原理。

已知训练样本集为 $D = \{(x_1, y_1), (x_2, y_2), \cdots, (x_n, y_n)\}$，其中，$y_i$ 表示样本的类别，并且 $y_i = \pm 1$。分类示意图如图 1.12 所示，两种类型的样本通过一个超平面进行划分。该超平面的方程为

$$\boldsymbol{w}^{\mathrm{T}} x + b = 0 \tag{1.10}$$

式中，$\boldsymbol{w} = (w^1, w^2, \cdots, w^d)$ 表示该超平面的法向量；b 表示位移项。

x 是超平面外的一个样本点，x' 和 x'' 是超平面上的两个点，$\boldsymbol{w}$ 是超平面的一个法向量，需要算出点 x 到超平面的距离，则

$$\begin{cases} \boldsymbol{w}^{\mathrm{T}} x' = -b \\ \boldsymbol{w}^{\mathrm{T}} x'' = -b \\ \boldsymbol{w}^{\mathrm{T}} (x' - x'') = -b \end{cases} \tag{1.11}$$

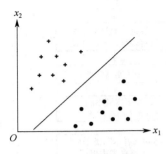

图 1.12 分类示意图

垂直距离示意图如图 1.13 所示。从图 1.13 中可知，$x'x$ 在法向量上的映射即点 x 到超平面的距离 h。法向量的单位方向为 $\dfrac{\boldsymbol{w}^{\mathrm{T}}}{\|\boldsymbol{w}\|}$，则

$$h = \left| \frac{\boldsymbol{w}^{\mathrm{T}}}{\|\boldsymbol{w}\|}(x-x') \right| = \frac{1}{\|\boldsymbol{w}\|}\left| \boldsymbol{w}^{\mathrm{T}}x+b \right| \tag{1.12}$$

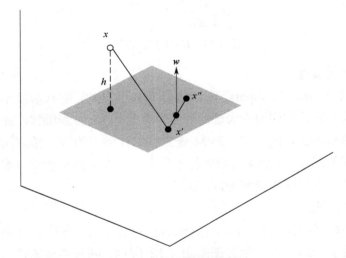

图 1.13 垂直距离示意图

（3）算法流程。

假设超平面对所有训练样本均正确分类。如果 $y_i=1$，则 $\boldsymbol{w}^{\mathrm{T}}x>0$；如果 $y_i=-1$，则 $\boldsymbol{w}^{\mathrm{T}}x<0$。令

$$\begin{cases} \boldsymbol{w}^{\mathrm{T}}x+b \geqslant 1, & y_i=1 \\ \boldsymbol{w}^{\mathrm{T}}x+b \leqslant -1, & y_i=-1 \end{cases} \tag{1.13}$$

间隔示意图如图 1.14 所示。

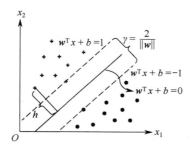

图 1.14　间隔示意图

假设未知的符合要求的超平面为 $f(x) = w^{\mathrm{T}}\varPhi(x) + b$。当 x 为正例时，$y=1$；当 x 为负例时，$y=-1$。也就是说，当且仅当 $f(x) > 0$ 时，$y_i = 1$；当且仅当 $f(x) < 0$ 时，$y_i = -1$。由此可得，$y_i \cdot f(x) > 0$。由式（1.12）可得

$$h = \frac{\left| y_i[w^{\mathrm{T}}\varPhi(x_i) + b] \right|}{\|w\|} = \frac{y_i[w^{\mathrm{T}}\varPhi(x_i) + b]}{\|w\|} \tag{1.14}$$

通过对超平面进行放缩可以使 $y_i \cdot [w^{\mathrm{T}}\varPhi(x) + b] \geqslant 1$。SVM 需要一个超平面，使与该平面最近的点与该平面的距离最大，即

$$\max_{w,b} \left\{ \frac{1}{\|w\|} \min_i [y_i][w^{\mathrm{T}}\varPhi(x_i) + b] \right\} \tag{1.15}$$
$$\text{s.t.} \quad y_i(w^{\mathrm{T}}\varPhi(x_i) + b) \geqslant 1; \ i = 1, 2, \cdots, n$$

结合约束条件，目标函数可以简化为

$$\max_{w,b} \frac{1}{\|w\|} \tag{1.16}$$

即需要求 $\|w\|$ 的极小值，为了计算方便可以将目标函数和约束条件转换为

$$\min_{w,b} \frac{1}{2} w^2 \tag{1.17}$$
$$\text{s.t.} \quad y_i[w^{\mathrm{T}}\varPhi(x_i) + b] \geqslant 1; \ i = 1, 2, \cdots, n$$

通过求解式（1.17），即可得到符合要求的超平面，并对数据进行二分类。

1.4.4　关联算法

预警情报关联规则问题的核心是基于两阶段频繁项集思想的递推算法，关联算法是数据挖掘中的一类重要算法。典型的关联算法包括 Apriori 算法和 FP-Tree 算法。

1. Apriori 算法

Apriori 算法在数据挖掘中应用较为广泛，常用来挖掘属性与结果之间的相关程度。对于这种寻找数据内部关联关系的做法，人们称其为关联分析或者关联规则学习。而 Apriori 算法就是其中非常著名的算法之一。

（1）算法演进。

Apriori 算法是由 Rakesh Agrawal 和 Ramakrishnan Srikant 两位博士在 1994 年提出的关联规则挖掘算法。关联规则的目的就是在一个数据集中找出项与项之间的关系，也称为"购物篮分析"（Market Basket Analysis），因为"购物篮分析"很贴切地表达了适用于该算法的情景中的一个子集。Apriori 算法应用广泛，可用于消费市场价格分析、猜测顾客的消费习惯。

（2）工作原理。

Apriori 算法的核心是在大规模数据集中寻找频繁项集和关联规则。频繁项集是指经常出现在一起的物品或者属性的集合；关联规则是指物品或者属性之间存在的内在关系（统计学上的关系）。所以，Apriori 算法主要包含两大模块的内容：一是寻找频繁项集的函数模块；二是探索关联规则的函数模块。

支持度与置信度是实现 Apriori 算法无法回避的两个概念，支持度用来寻找频繁项集，置信度用来确定关联规则。

支持度是指频繁项集在全体数据样本（all sample）中所占的比例：

$$\text{support}(X,Y) = P(X,Y) = \frac{\text{number}(X,Y)}{\text{number(all sample)}} \tag{1.18}$$

置信度体现为，在一个数据出现后，另一个数据出现的概率，或者说数据的条件概率为

$$\text{confidence}(X \Rightarrow Y) = P(X|Y) = \frac{P(X,Y)}{P(X)} = \frac{\text{number}(X,Y)}{\text{number}(X)} \tag{1.19}$$

（3）算法流程。

Apriori 算法将发现关联规则的过程分为两个步骤：第一步，通过迭代，检索出事务数据库 Φ 中的所有频繁项集，即支持度不低于用户设定的阈值的项集；第二步，利用频繁项集构造出满足用户最小信任度的规则。其中，挖掘或识别出所有频繁项集是该算法的核心，其计算量占整个计算量的大部分。

以商品购买为例，假设一家商店出售 4 种商品，分别为商品 0、商品 1、商品 2、商品 3，我们希望通过挖掘买家购买商品的订单数据，来决定进行促销的商品组合，可能的商品组合如图 1.15 所示。

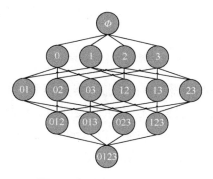

图 1.15　商品组合示意图

　　针对这些商品，我们的目标是从大量购买数据中找到曾经被一起购买的商品。在寻找频繁项集的过程中，采用支持度来过滤商品组合。针对 4 种商品，我们要在整体数据集上进行 15 次轮询，才可以统计出每个频繁项集的支持度。在数据量较大，且商品种类不止 4 种的情况下，还要采用轮询的方式进行统计吗？轮询带来的运算量也是巨大的，并且随着商品种类的增加，频繁项集的组合种类也将变为 $2N-1$ 种，运算代价呈现指数级增加。为了解决这个问题，研究人员在 Apriori 原理的基础上设计了 Apriori 算法。

　　Apriori 算法流程如下：如果一个项集是频繁的，那么它的所有子集也是频繁的；反之，如果一个项集是非频繁的，那么它的所有超集（包含该非频繁项集的父集）也是非频繁的。于是，可以将图 1.15 适当优化，得到改进的商品组合，如图 1.16 所示。

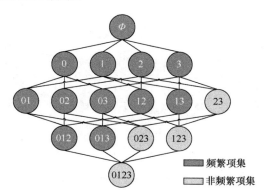

■ 频繁项集
■ 非频繁项集

图 1.16　改进的商品组合示意图

　　根据图 1.16，我们知道项集{2,3}是非频繁的，那么它的所有超集也是非频繁的。在实际计算过程中，一旦计算出{2,3}的支持度不满足最小支持度，就不需要再计算{0,2,3}、{1,2,3}和{0,1,2,3}的支持度了，因为它们也都是非频繁项集。

2. FP-Tree 算法

Apriori 算法的缺点是需要多次扫描事务数据库，耗费了大量的运算时间和运行内存。FP-Tree 算法有效解决了此类问题，该算法在不生成候选项的情况下，可实现 Apriori 算法的功能。FP-Tree 算法在航线关联中可减小操纵员的人为误差，为关联编批提供系统支持。

（1）算法演进。

针对 Apriori 算法的缺点，J. Han 等人于 2000 年提出了不产生候选频繁项集的方法，即 FP-Tree 算法，该算法直接将事务数据库压缩成一个频繁模式树，然后通过这棵树生成关联规则。FP-Tree 算法和 Apriori 算法一样，都必须人为设定最小支持度阈值，再利用此阈值进行筛选。

（2）工作原理。

FP-Tree 算法的基本工作原理：首先，扫描整个事务数据库一次，生成频繁项集，并把它们按降序排列，排除支持度计数小于 min_sup 的项，产生结果集 L；其次，按照项集描绘出 FP-Tree，同时保留关联信息；最后，再扫描事务数据库一次，由下向上顺序挖掘，删除 FP-Tree 中的子节点，即可产生所需要的频繁模式。FP-Tree 算法的基本数据结构，包含一个 FP-Tree 和一个项头表，每一项通过一个节点链指向它在树中出现的位置。FP-Tree 算法基本结构如图 1.17 所示。

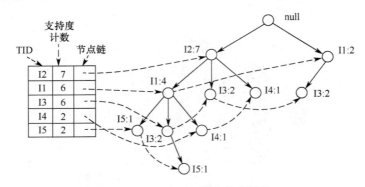

图 1.17 FP-Tree 算法基本结构

需要注意的是，项头表需要按照支持度递减排序，在 FP-Tree 中高支持度的节点只能是低支持度节点的祖先节点。

FP-Tree 算法中有以下几个基本概念。

FP-Tree：把事务数据库中的各个事务数据项按照支持度排序后，把每个事务中的数据项降序插入到一棵以 null 为根节点的树中，同时在每个节点处记录该节点出现的支持度。

条件模式基：包含 FP-Tree 中与后缀模式一起出现的前缀路径的集合，也就是同一个频繁项在 FP-Tree 中的所有节点的祖先路径的集合。例如，I3 在 FP-Tree 中共出现了 3 次，其祖先路径分别是 {I2, I1:2(频度为 2)}，{I2:2} 和 {I1:2}。这 3 个祖先路径的集合就是频繁项 I3 的条件模式基。

条件树：将条件模式基按照 FP-Tree 的构造原则形成一个新的 FP-Tree，如图 1.18 所示。

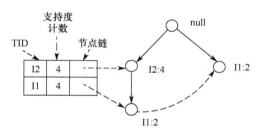

图 1.18　新的 FP-Tree

（3）算法流程。

步骤 1：构造项头表，扫描事务数据库一遍，得到频繁项的集合 F 和每个频繁项的支持度。把 F 按支持度递减顺序排序，记为 L。

步骤 2：构造原始 FP-Tree，把数据库中每个事务的频繁项按照 L 中的顺序进行重排，并按照重排之后的顺序把每个事务的每个频繁项插入以 null 为根的 FP-Tree 中。如果插入时频繁项节点已经存在了，则把该频繁项节点支持度加 1；如果插入时该节点不存在，则创建支持度为 1 的节点，并把该节点链接到项头表中。

步骤 3：调用程序，开始进行挖掘。

1.4.5　聚类算法

聚类分析又称群分析，是研究（样本或指标）分类问题的一种统计分析方法，是数据挖掘的重要算法。聚类（Cluster）分析是由若干模式（Pattern）组成的。通常，模式是一个度量（Measurement）的向量，或者是多维空间中的一个点。聚类分析以相似性为基础，在一个聚类中的模式之间比不在一个聚类中的模式之间具有更高的相似性。

1. K-Means 算法

K-Means 算法（K-Means Clustering Algorithm，K 均值聚类算法）是一种迭代求解的聚类分析算法。其步骤是，预先将数据分为 K 组，随机选取 K 个预警目标作为初始聚类中心，然后计算每个对象与各个种子聚类中心之间的距离，把每个预警目标分配给距离它最近的聚类中心。聚类中心及分配给它的对象代表一个聚类。每分配一个样本，聚类中心会根据聚类中现有的对象被重新计算。这个过程将不断重复直到满足某个终止条件。终止条件可以是没有（或最小数目）对象被重新分配给不同的聚类、没有（或最小数目）聚类中心再发生变化、误差平方和局部最小，最终达到航迹关联的结果。

（1）算法演进。

K-Means 算法是典型的基于距离的聚类算法，于 1982 年由 Lloyod 提出。它是简单而又有效的统计聚类算法，一般采用距离作为相似性的评价指标，即认为两个对象的距离越近，其相似度越高。该算法认为簇是由距离靠近的对象组成的，因此把得到紧凑且独立的簇作为最终目标。

（2）工作原理。

假设要把样本集分为 c 个类别，步骤如下。

步骤 1：适当选择 c 个类别的初始聚类中心。

步骤 2：在第 k 次迭代中，对任意一个样本，求其到 c 个聚类中心的距离，将该样本归到距离最短的聚类中心所在的类。

步骤 3：利用均值等方法更新该类的中心值。

步骤 4：对于所有的 c 个聚类中心，如果利用步骤 2 和步骤 3 的迭代法更新后，中心值保持不变，则迭代结束，否则继续迭代。

算法描述如下：

输入：k, data[n]；

步骤 1：选择 k 个初始聚类中心，如 $c[0]$ = data[0]，$\cdots$，$c[k-1]$ = data[$k-1$]。

步骤 2：对于 data[0],$\cdots$,data[n]，分别与 $c[0]$,$\cdots$,$c[k-1]$比较，若与 $c[i]$的差值最小，就标记为 i。

步骤 3：对于所有标记为 i 的点，重新计算 $c[i]$ = {所有标记为 i 的 data[j]之和}/标记为 i 的个数。

步骤 4：重复步骤 2 和步骤 3，直到所有 $c[i]$值的变化小于给定阈值。

K-Means 算法属于无监督的聚类算法，其优点是简单易懂、便于操作和运算迅速，聚类效果不错，在工程领域被广泛应用。该算法初始聚类中心的选择和距离公式的构建是关键，对算法的收敛起决定性作用。

（3）算法流程。

步骤 1：从 n 个数据对象中任意选择 k 个作为初始聚类中心。

步骤 2：根据每个聚类对象的均值（中心对象），计算每个对象与这些中心对象的距离，并根据最小距离重新对相应对象进行划分。

步骤 3：重新计算每个（有变化）聚类的均值（中心对象）。

步骤 4：循环步骤 2 和步骤 3 直到每个聚类不再发生变化为止，即标准测度函数收敛为止。

注意：一般采用均方差作为标准测度函数。

K-Means 算法接收输入量 k，然后将 n 个数据对象划分为 k 个聚类以便使所获得的聚类满足：同一聚类中的对象相似度较高；不同聚类中的对象相似度较低。各聚类本身尽可能紧凑，而各聚类之间尽可能分开，意味着同一目标的航迹紧凑，不同目标的航迹分开。

聚类相似度是利用各聚类中对象的均值所获得一个"中心对象"（引力中心）来进行计算的。

2. DBSCAN 算法

DBSCAN（Density-Based Spatial Clustering of Applications with Noise）算法是一个比较有代表性的聚类算法。与划分和层次聚类方法不同，它将簇定义为密度相连的点的最大集合，能够把具有足够高密度的区域划分为簇，并可在噪声的空间数据库中发现任意形状的聚类。它按照预警目标航线的密度进行分类，确定航迹所属批次。

（1）算法演进。

DBSCAN 算法是 Martin Ester、Hans-Peter Kriegel 等人于 1996 年提出的一种基于密度空间的数据聚类方法，也是最常用的一种聚类方法。该算法将具有足够密度的区域作为距离中心，并使该区域不断生长，一个聚类可以由其中的任何核心对象唯一确定。DBSCAN 算法的目的在于过滤低密度区域，发现稠密度样本。与传统的基于层次的聚类和划分聚类的凸形聚类簇不同，该算法可以发现任意形状的聚类簇。与传统的算法相比它有如下优点。

① 聚类速度快且能够有效处理噪声点和发现任意形状的空间聚类。

② 与 K-Means 算法相比，不需要输入需要划分的聚类个数。

③ 聚类簇的形状没有偏倚。

④ 可以在需要时输入过滤噪声的参数。

（2）工作原理。

DBSCAN 算法基于一组邻域来描述样本集的紧密程度，参数 $(\varepsilon, \text{Minpts})$ 用来描述邻域的样本分布紧密程度。其中，ε 描述了某一样本的邻域距离阈值，Minpts 描述了某一样本距离为 ε 的邻域中样本的最小个数。

假设样本集 $D = (x_1, x_2, \cdots, x_m)$，则 DBSCAN 算法中对密度的具体描述如下。

① ε 邻域：对于 $x_j \in D$，其 ε 邻域包含样本集 D 中与 x_j 的距离不大于 ε 的子样本集，即 $N_\varepsilon(x_j) = \{x_i \in D | \text{distance}(x_i, x_j) \leqslant \varepsilon\}$，这个子样本集中的样本个数记为 $|N_\varepsilon(x_j)|$。

② 核心对象：对于任意样本 $x_j \in D$，如果其 ε 邻域对应的 $N_\varepsilon(x_j)$ 至少包含 Minpts 个样本，即 $|N_\varepsilon(x_j)| \geqslant \text{Minpts}$，则 x_j 是核心对象。

③ 密度直达：如果 x_i 位于 x_j 的 ε 邻域中，且 x_j 是核心对象，则称 x_i 由 x_j 密度直达；反之，x_j 不一定由 x_i 密度直达，除非 x_i 也是核心对象。

④ 密度可达：对于 x_i 和 x_j，如果存在样本序列 $p_1, p_2, \cdots, p_T$，满足 $p_1 = x_i$、$p_T = x_j$，且 p_{t+1} 由 p_t 密度直达，则称 x_j 由 x_i 密度可达。也就是说，密度可达满足传递性，此时序列中的传递样本 $p_1, p_2, \cdots, p_{T-1}$ 均为核心对象，因为只有核心对象才能使其他样本密度直达。注意，密度可达也不满足对称性，这个可以由密度直达的不对称性得出。

⑤ 密度相连：对于 x_i 和 x_j，如果存在核心对象 x_k，使 x_i 和 x_j 均由 x_k 密度可达，则称 x_i 和 x_j 密度相连。注意，密度相连是满足对称性的。

（3）算法流程。

DBSCAN 算法流程如下。

输入：样本集 $D = (x_1, x_2, \cdots, x_m)$、邻域参数 $(\varepsilon, \text{Minpts})$、距离度量方式。

输出：簇划分 C。

步骤 1：初始化核心对象集合 $\Omega = \varnothing$，初始化聚类簇数 $k = 0$，初始化未访问样本集合 $\Gamma = D$，簇划分 $C = \varnothing$。

步骤 2：对于 $j = 1, 2, \cdots, m$，按下面的步骤找出所有核心对象。

① 通过距离度量方式，找到样本 x_j 的 ε 邻域子样本集 $N_\varepsilon(x_j)$。

② 若子样本集中样本个数满足 $|N_\varepsilon(x_j)| \geqslant \text{Minpts}$，则将样本 x_j 加入核心对象集合：$\Omega = \Omega \cup \{x_j\}$。

步骤 3：如果核心对象集合 $\Omega = \varnothing$，则算法结束，否则转入步骤 4。

步骤 4：在核心对象集合 Ω 中，随机选择一个核心对象 o，初始化当前簇核心对象队列 $\Omega_{\text{cur}} = \{o\}$，初始化类别序列号 $k = k + 1$，初始化当前簇样本集合 $C_k = \{o\}$，更新未访问样本集合 $\Gamma = \Gamma - \{o\}$。

步骤 5：如果当前簇核心对象队列 $\Omega_{\text{cur}} = \varnothing$，则当前簇 C_k 生成完毕，更新簇划分 $C = \{C_1, C_2, \cdots, C_k\}$，更新核心对象集合 $\Omega = \Omega - C_k$，转入步骤 3。

步骤 6：在当前簇核心对象队列 Ω_{cur} 中取出一个核心对象 o'，通过邻域距离阈值 ε 找出所有的 ε 邻域子样本集 $N_\varepsilon(o')$，令 $\Delta = N_\varepsilon(o') \cap \Gamma$，更新当前簇样本集合 $C_k = C_k \cup \Delta$，更新未访问样本集合 $\Gamma = \Gamma - \Delta$，转入步骤 5。

输出结果为：簇划分 $C = \{C_1, C_2, \cdots, C_k\}$。

通过以上步骤，可将杂乱无章的综合前航迹按照密度进行划分，提取预警目标的真实航迹，以便对预警目标进行后续处理。

1.5　本章小结

本章重点论述了预警情报分析的内涵和外延，明确了预警情报的定义，即利用雷达探测手段获得来自空天领域目标的早期预警、临战预警和监视预警情报。基于预警情报的定义，预警情报分析是指综合利用多种设备、手段和方法，通过对多级多类预警情报及其相关数据的搜集和积累，充分发挥人脑的作用，基于历史大数据开展证据挖掘分析，基于实时多源信息开展预警目标研判、识别、分析等工作。概念中明确指出了预警情报分析是一项军事工作，核心是证据挖掘分析和预警目标研判识别分析。为了更好地对预警情报分析的概念进行理解，本章给出了预警情报分析的发展现状和地位作用，并介绍了预警情报智能分析算法基础，包括智能优化算法、神经网络算法、分类算法、关联算法和聚类算法等。

第 2 章

预警情报智能分析数据基础

　　近年来，随着预警技术和装备的快速发展，以及预警探测能力的不断提高，各类情报源产生了海量的预警情报数据，为预警情报分析提供了坚实的数据基础，但也给预警情报数据的收集、处理和存储管理带来了巨大的困难和挑战。利用大数据、人工智能等前沿信息技术对预警情报分析所需数据进行收集、预处理、存储和管理，可以全面、完整、集约和高效地使用数据，极大地提升了预警情报智能分析的效果。

　　本章基于预警情报智能分析的数据需求，首先介绍预警情报智能分析数据的主要来源、收集种类和方式，其次重点论述预警情报智能分析数据预处理中的数据集成、数据清洗、数据变换、数据规约和数据整编，最后阐述预警情报智能分析结构化、非结构化数据的存储和管理。

2.1　数据收集

　　数据是预警情报智能分析的基础，预警情报智能分析的首要工作就是进行数据的收集和管理，没有数据预警情报智能分析就失去了本源。对于作为预警情报智能分析的源头和基础的数据，我们首先要解决收集什么数据、数据有哪些种类、怎么收集数据等问题。

2.1.1　数据主要来源

　　预警情报智能分析的数据主要来自预警装备，以及各级预警信息系统。预警装备主要包括常规雷达、无源雷达、天波超视距雷达、预警机雷达等。预警信息系统主要包括部队本级、区域级预警信息系统等。其中，部队本级数据主要来源于本级预警信息系统，以及通过人工或相关信息系统收集的预警情报分析相关数据。区域级数据主要来源于联合预警信息中心，以及接收的上级或友邻部门转发的预警情报分析相关数据。预警情报数据在通信基础网络和收集系统的支撑下，形成了统一的预警情报数据基础库。

1. 常规雷达数据收集

常规雷达数据是预警情报分析的基础，主要有原始航迹数据、原始回波数据、回波显影数据、雷达装备指标参数、雷达装备工作状态、雷达工作环境数据、上级下发数据等。原始航迹数据包括目标的批号、方位、距离、高度、属性、密语、威胁等级、干扰方位、干扰指向、干扰强度等要素；原始回波数据是指经雷达信号处理机处理后、视频显示前的原始回波数据；回波显影数据包括 P 显、A 显、距离显、三维显等数据；雷达装备指标参数包括雷达频段、雷达类型、性能参数等；雷达装备工作状态包括雷达的整机状态、天线状态、发射机状态、接收机状态、信号处理状态、录取终端状态、通信状态等；雷达工作环境数据包括地理环境数据、天气环境数据、电磁环境数据等；上级下发数据包括民航/军航飞行计划、预飞报数据、典型目标活动规律数据、目标特征数据、目标关联关系数据等。

2. 无源雷达数据收集

无源雷达数据是预警情报分析的重要组成部分，主要有目标航迹数据、侦察参数、原始视频数据、无源雷达装备参数、无源雷达装备工作状态、无源雷达环境数据、上级下发的辐射源识别数据库等。目标航迹数据包括目标的批号、方位、距离、属性、密语、威胁等级等要素；侦察参数包括辐射源的工作频率、重频周期、脉宽等参数；原始视频数据包括幅值域、时域、频域等信息；无源雷达装备参数包括作用距离、雷达用途、雷达天线的结构尺寸、电子对抗能力等。

3. 天波超视距雷达数据收集

天波超视距雷达数据是预警情报分析的重要组成部分，主要有目标点航迹数据、回波显影数据、电离层环境数据、天波雷达的工作状态等。其中，电离层环境数据主要包括电子浓度分布情况、电离层状态的起伏变化、电离层骚扰、Es 层信息及多种异常传播现象等。

4. 预警机雷达数据收集

预警机雷达数据是预警情报分析体系的重要组成部分，主要有预警机雷达产生的预警点航迹信息、预警机飞行参数、预警机雷达工作状态、预警机飞行姿态数据、指挥勤务数据等，同时预警机从雷达情报组网系统、空防情报信息系统接收雷达、侦察、电子对抗、飞行、气象等专业情报数据。

5. 部队本级数据收集

部队本级数据收集是预警情报数据收集管理工作的主体，主要负责从所属雷达装备、部队本级及上级部门收集预警情报分析相关数据。首先，从所属雷达装备（包括常规雷达、无源雷达、气球载雷达等）接收上报的预警情报分析原始数据，包括各雷达产生的情报整编结果、典型目标回波信号数据、典型干扰回波信号数据等；其次，从部队本级收集综合航迹数据、气象环境数据、装备性能数据、预警目标数据、值班日志数据，以及航路、训练空域、机场、重要阵地、保卫目标等基础部署数据；最后，从上级部门，主要是从上级多源情报信息系统接收技术侦察、电子对抗侦察、飞行、气象、北斗定位、数据链回传等专业情报信息，以及经过区域转发的预警情报分析的相关数据。

6. 区域级数据收集

区域级数据收集是在整合收集本区域预警情报分析所需各类数据的基础上，对回波特征数据进行管理，重点对本区域所辖范围目标活动特征规律、空情保障能力及空情质量进行分析，为指挥员进行空情态势判断、情报综合与指挥等作战活动提供辅助决策支持。收集的数据主要有预警情报分析原始数据及情报分析产品、区域本级的各类数据、上级转发的相关数据。

2.1.2 数据收集种类

预警情报分析的数据来源范围广泛、种类众多，对收集到的预警情报数据进行分类是有效开展数据存储管理、挖掘分析的基础。从不同的角度数据有不同的分法：从数据格式角度数据可分为格式化数据、非格式化数据、半格式化数据等；从数据来源角度数据可分为雷达装备输出数据、雷达情报处理系统输出数据、专业信息处理系统输出数据、人工记录数据、分析结果数据等；从数据内容角度数据可分为目标航迹数据、目标点迹数据、雷达视频数据、雷达装备状态数据、操作记录数据、非雷达预警情报数据、民用相关数据等。本节将从数据内容角度对各类数据进行详细介绍。

1. 目标航迹数据

目标航迹数据主要是指通过雷达、侦察、电子对抗、数据链回传、北斗定位等手段获取的空天目标的位置、属性、型别等信息数据，是预警情报分析的重要数据源。目标航迹数据包括通过雷达获取的目标原始航迹信息，通过雷达情报系统融合处理后生成的综合航迹信息，通过电子对抗、技术侦察手段获取的预警目标航迹信息，通过数据链回传或北斗定位系统获取的合作目标航迹信息等。

目标航迹数据以目标的空间位置信息为主，主要包括产生时间、航迹号、属性、地理坐标、极坐标、直角坐标、方格坐标、区域、高度、目标群范围、目标标识、航速、加速度、干扰源方位、干扰强度、目标威胁等级、国家/地区、队形信息、源状态、装备名称、航迹类型、目标类别、导弹落点位置、导弹发射点位置等。目标航迹数据的结构化程度高，相关标准对雷达、技术侦察、电子对抗等目标航迹的交换格式进行了明确规定。相对于雷达视频数据，目标航迹数据的数据量不是很大，但数据条数较多，这给目标航迹数据的检索带来了较大的困难。目标航迹数据是目标活动规律揭示、运动特征提取的主要数据来源。

2. 目标点迹数据

目标点迹数据主要是指通过雷达、电子对抗、技术侦察等手段获取的空天目标的点状空间位置信息。目标点迹数据是没有进行航迹关联，或者无法进行航迹关联的目标离散数据，它是预警情报分析的重要数据补充。目标点迹数据包括通过雷达获取并报出的目标点迹信息、通过电子对抗手段获取的目标点迹信息、通过技术侦察手段获取的目标点迹信息等。

目标点迹数据以目标的位置信息为主，主要包括扇区号、正北标记的相对时间、点迹位置、点迹时间、一次雷达点迹高度、二次雷达点迹高度、点迹编号、航迹号、点迹属性、民航目标代码、军机目标代码、目标说明、点迹幅度和噪声电平、点迹分值、点迹风险、点迹质量、雷达工作模式和回波特性、点迹径向速度和距离修正系数、信息源位置、装备名称等。目标点迹数据属于结构化数据，在当前的预警信息系统中目标点迹数据的存储量不大，是目标活动规律揭示、运动特征提取的重要数据补充。

3. 雷达视频数据

雷达视频数据是雷达装备输出的原始回波数据。雷达视频数据内涵丰富，包含 P 显、三维显、高分辨、目标分类等多种终端显示信息。雷达视频数据主要包括日期、视频数据量化位数、有效距离采样点数、有效距离、航迹号和起点距离、处理脉冲数、通道数、脉冲数、视频数据等。其中，视频数据包括方位、波位、时间、重复周期时间长度、重复周期序号、雷达发射频点、雷达工作模式、发射波形、脉冲宽度、调制参数等。雷达视频数据的海量特征明显，以某型单部雷达为例，其每分钟产生约 500MB 视频数据，每天的数据量高达几百吉字节，它是空天目标回波特征提取的重要数据源。

4. 雷达装备状态数据

雷达装备状态数据主要是指有源雷达、无源雷达、气球载雷达等各型装备在工作过程中的实时工作状态数据，主要包括工作频率、信号调制、重复频率、极化方式、雷达工作模式、辐射状态、发射功率挡位、工作频率、扫描状态、机械天线俯仰角度、波束仰角、二次雷达/询问机工作模式、门限电平、抗干扰措施、抗干扰效果、杂波图、RAG 图、禁止点迹输出区、航迹非自动起始区、快速起批区、数据禁止发送区、工作参数集、电磁环境、运行状态、雷达故障报告、有源干扰指向、数据类型、时间等。不同型号的雷达输出的装备状态数据有所不同，雷达装备状态数据是装备工作性能、探测能力分析的重要基础数据源。

5. 操作记录数据

操作记录数据主要是指在雷达情报处理过程中，雷达录取操作员、参谋人员，以及指挥员各种操作事件的相关数据，主要包括事件时间、流水号、用户标识、系统标识、事件类别、操作内容、操作参数、事件结果等。操作记录数据主要存储在各系统的操作日志中，具体格式皆有不同。操作记录数据是各级各类人员能力评估的重要依据。

6. 非雷达预警情报数据

预警情报分析的数据源除雷达预警体系产生的各种数据外，还有侦察、电子对抗、军航飞行、民航飞行、气象、数据链回传、北斗定位等专业情报数据，以及引接的陆、海等其他军兵种的预警情报数据。上述数据可以通过各区域预警情报信息系统接入，是预警情报分析的重要数据源。

7. 民用相关数据

民用相关数据主要是指与空中目标的出现，以及支持空中目标研判识别相关的数据信息，主要包括：公安、人防等部门掌握的重大事件信息，中国科学院的鸟类迁徙信息，国家体育总局组织的飞行活动，等等。目前，民用相关数据以非格式化数据为主，是目标研判识别的重要依据。通过引接公安、人防等部门掌握的重大事件信息，实现与空中目标的关联；基于中国科学院的鸟类迁徙信息，可以实现对季节性鸟类迁徙目标的研判识别；通过对国家体育总局组织的飞行活动的信息共享，可以减少不明空情的增量。

2.1.3　数据收集方式

数据收集方式是指收集预警情报数据时所采用的形式和方法。本节主要介绍数据收集的方法、时机和范围。

1.　数据收集的方法

预警情报数据收集的方法主要包括自动收集和人工收集两种。自动收集是预警情报分析最主要的数据获取方法，针对预警情报数据的收集需要，在雷达装备等传感器上加改装数据输出接口，在雷达情报系统及其他军兵种和地方部门等相关信息系统上增加数据输出功能，可以实现对预警情报数据的收集，如航迹数据、点迹数据、雷达视频数据等。人工收集主要依靠人工进行数据收集，它是预警情报数据收集的重要补充，对于一些不便于自动收集的数据必须要采用人工方法进行收集，如装备设计文档、技术战术指标、试验数据、实战数据、演习数据、环境数据、民用相关数据等。

2.　数据收集的时机

预警情报数据收集的时机主要包括实时收集和事后收集两种。实时收集主要是指情报数据在产生的同时，发送给预警情报数据中心，从而实现数据的收集功能。例如，可以将雷达装备的重点目标回波数据、原始航迹数据、综合航迹数据等实时发送给预警情报数据中心。事后收集主要针对不需要实时分析数据的情况，事后对预警情报分析所需的数据进行收集，如目标雷达回波数据、非雷达预警情报数据、民用相关数据等。

3.　数据收集的范围

预警情报数据收集的范围主要包括子集收集和全集收集两种。子集收集是指只收集部分重要的数据，如只收集重点目标的航迹数据、重点目标的开窗数据等。全集收集主要是指将预警体系产生的可用数据全部收集，如收集所有目标的航迹数据、点迹数据、雷达视频数据等。全集收集是预警情报分析的终极目标，但在当前技术条件下，有重点地进行数据收集是解决预警情报数据源的折中之策。

2.2 数据预处理

收集的预警情报数据中，存在一部分不完整、不一致的脏数据，无法直接用于数据挖掘分析。为了提高预警情报智能分析的效果，必须要对收集到的数据进行预处理。数据预处理主要包括数据集成、数据清洗、数据变换、数据规约和数据整编等。通过数据预处理能够大大提升数据质量，缩短数据挖掘分析所需要的时间，提高数据挖掘分析的准确率。

2.2.1 数据集成

1. 数据集成方法

数据集成是把不同来源、格式、特点、性质的数据在逻辑上或物理上有机地集中，从而为用户提供全面的数据共享功能。常用的数据集成方法有模式集成法、数据复制法，以及融合了模式集成法和数据复制法优点的综合性集成法等。

（1）模式集成法。

在构建集成系统时将各数据源的数据视图集成为全局模式，使用户能够按照全局模式透明地访问各数据源的数据。全局模式描述了数据源共享数据的结构、语义及操作等。用户直接在全局模式的基础上提交请求，由数据集成系统处理这些请求，转换成各个数据源在本地数据视图基础上能够执行的请求。模式集成法的特点是直接为用户提供透明的数据访问功能。采用模式集成法需要解决的问题包括：一是构建全局模式与数据源数据视图之间的映射关系；二是处理用户在全局模式基础上的查询请求。联邦数据库和中间件集成是现有的两种典型的模式集成方法。

模式集成法为用户提供了全局数据视图及统一的访问接口，透明度高，但是该方法并没有实现数据源间的数据交互，用户在使用时经常需要访问多个数据源，因此该方法需要系统有很好的网络性能。

（2）数据复制法。

将各个数据源的数据复制到与其相关的数据源上，并保证数据源整体数据的一致性，提高信息共享利用的效率。采用数据复制法需要解决数据异构性问题，数据异构分为语法异构和语义异构。数据异构性可以追溯到数据源建模时的差异：当数据源的实体关系模型相同、命名规则不同时，造成的只是数据源之间的语法异构；当数据源构建实体模型时，若采用不同的粒度划分、不同的实体间关系及不同的字段数据语义表示，则会造成数据源间的语义异构，给数据集成带来很大麻烦。对于语法异构，需要实现字段到字段、记录到记录的映射，解决其中的名字冲突和数据类型冲突。语义异构的数据集成相对比较麻烦，需要字段拆分、字段合并、字段数据格式变换、记录间字段转移等。

　　数据复制法在用户使用某个数据源之前，会将用户可能用到的其他数据源的数据预先复制过来，用户使用时仅需要访问某一个或几个数据源，这大大提高了系统处理用户请求的效率。但数据复制通常存在延时，使用该方法时很难保障数据源之间数据的实时一致性。

　　（3）综合性集成法。

　　将模式集成法和数据复制法混合在一起使用，提高基于中间件系统的性能，该方法仍有虚拟的数据模式视图供用户使用，同时能够对数据源间常用的数据进行复制。对于用户简单的访问请求，该方法首先采取数据复制，在本地数据源或单一数据源上实现用户的访问需求；而对于那些复杂的用户请求，当无法仅通过数据复制法实现时，再使用虚拟的模式视图。

　　2. 预警情报数据综合集成

　　针对预警情报，分析相关数据。一部分数据从不同维度对目标进行了特征表述。例如，航迹数据描述了目标在空间上的运动特征，原始视频数据描述了目标的时域、频域等特征。这些数据之间相对比较独立，属于松耦合关系。还有一部分数据描述了目标同一维度的信息，如来自空、陆、海等单位的空情信息都包含目标航迹数据，属于紧耦合关系。因此，预警情报数据更适合采用综合性集成方法。预警情报数据综合性集成框架如图 2.1 所示。

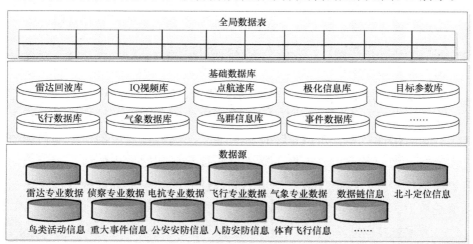

图 2.1　预警情报数据综合性集成框架

将通过人工方式或自动方式收集、筛选的数据复制到云平台，存储到相应的雷达专业、侦察专业、电抗专业等数据库中；构建新的数据模型，将数据源中的数据进行拆分重组，构成新的基础数据库；构建全局数据视图及统一的访问接口，便于用户透明地访问各类数据。

在理解数据预警情报智能分析任务的基础上，根据需要进行数据筛选，特别是雷达情报数据，一般选择重点目标相关数据进行收集。具体工作包括定义数据集成优先级、数据筛选、选择合适的集成中间件、设置多个检测点、监控流程、保证数据的安全性等。

2.2.2　数据清洗

从广义上讲，数据清洗是指将原始数据进行精简以去除冗余和消除不一致，并使剩余数据转换成可接收的标准格式的过程。

从狭义上讲，数据清洗特指在构建数据库和实现数据挖掘前对数据源进行处理，使数据实现准确性、完整性、一致性、唯一性和有效性，以适应后续操作的过程。

1. 数据清洗的内容

数据清洗主要是指对残缺数据、错误数据和重复数据进行处理，以得到满足预警情报分析需求的基础数据。

（1）残缺数据清洗。

数据残缺主要是指一些应该有的信息缺失，如目标航迹数据中的属性、类型、数量的缺失等。某些缺失值可以从本数据源或其他数据源推导出来，如采用相同值、均值、最大值、最小值或更为复杂的概率估计值来替代缺失值；还可以在数据整编中，采用人工方式进行补全。

（2）错误数据清洗。

造成数据错误的原因主要是系统不够健全，在接收输入数据时没有进行判断直接写入后台文件或数据库，如日期格式不正确、航迹数据中存在飞点等。面对错误数据，可以用统计分析法、数据拟合法识别可能的错误值或异常值，如偏差分析、识别不遵守分布规律或回归方程的值，也可以用简单规则库检查数据值，或者使用不同属性间的约束、外部的数据来检测和清洗数据。

（3）重复数据清洗。

数据库中属性值相同的记录被认为是重复记录，通过判断记录间的关键字段值是否相等来检测记录是否相同，重复数据的记录需要合并为一条记录。对于结构化数据，还可以通过构建数据字典匹配的方式进行去重。对于重复有冲突的数据，如针对同一批目标，不同情报源报来了不同机型等冲突参数，需要人工修正。

数据清洗的一般流程是，"分析数据并定义清洗规则→搜寻并标识错误实例→纠正错误数据→干净数据回流→数据清洗评价"。下面以预警雷达回波数据为例，详细阐述预警情报数据清洗的内容和流程。

2. 典型预警雷达回波数据清洗

预警雷达回波数据是非结构化的数据，数据量庞大，对存储和计算能力要求高，机器不易识别，并且包含噪声、杂波、干扰等信号，不利于后续的情报分析。因此，需要对预警雷达回波数据进行清洗处理，去除无用信号，保留有用信号，精简数据量级，并尽可能地进行结构化转换。

预警雷达回波数据清洗的流程如图 2.2 所示。

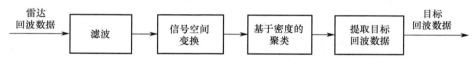

图 2.2　预警雷达回波数据清洗的流程

（1）滤波是为了滤除预警雷达回波信号中的噪声、杂波和干扰信号等。在预警雷达信号处理领域，人们对滤波已经有了大量且深入的研究，包括硬件和软件的方法，可以对噪声、杂波和人为干扰进行有效的处理。在滤波的基础上，预警雷达回波信号清洗工作的核心是提取目标的回波信号，可以在情报分析阶段对目标相关信息和目标回波信号进行关联处理。

（2）信号空间变换是指将预警雷达回波信号转换到合适的空间，便于进行聚类分析，以自动获取同一目标的回波信号。雷达扫描一周的径线数为 P，库数为 Q，则扫描一周的数据可转换成 $P \times Q$ 的图像数据，预警雷达回波数据格式转换如图 2.3 所示。

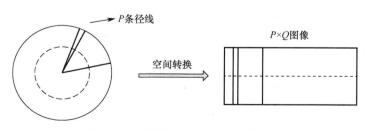

图 2.3　预警雷达回波数据格式转换

（3）基于密度的聚类。经过信号空间变换，每个目标都可由一组像素点描述，且在变换后的空间中，各目标的距离属性是等价的。经过滤波后，目标信号是聚集的，噪声信号是分散的。目标区域的密度大于其他区域，包括噪声区域，因此利用基于密度的聚类分析方法对目标区域进行提取。将目标区域中心点的位置记为目标位置，将穿过目标区域中心点的径线时刻作为目标出现的时间。

（4）提取目标回波数据。通过聚类找到目标在图像空间中的区域，经过信号空间反变换提取得到目标回波数据。将时间、目标位置、目标回波数据作为一条记录进行存储，实现对雷达目标数据的部分格式化。目标回波数据提取的算法过程具体如下。

输入：雷达回波数据 RS。

输出：目标回波数据集 TS。

步骤 1：给定聚类密度 d，设定雷达周期标记 $n=1$。

步骤 2：从 RS 中取第 n 个周期的回波信号 RS_n。

步骤 3：对 RS_n 进行信号空间变换，得到图像数据 I_n。

步骤 4：选取 I_n 中未分类的非空值点 P，查找以 P 点为圆心、以 d 为半径的圆内非空值点，得到点集 PS。

步骤 5：选取 PS 中的未作为圆心的点 P_{sub}，查找以 P_{sub} 点为圆心，半径为 d 的圆内非空值点，并补充进 PS。

步骤 6：重复步骤 5，直到 PS 中的点都做过圆心，PS 中的点归为一类，形成目标区域。

步骤 7：计算 PS 的中心点，获得中心点的位置 Loc 和径线的时刻 T，形成目标数据集 $<T, Loc, PS>$。

步骤 8：回到步骤 4，直到 I_n 中没有未分类的非空值点。

步骤 9：将所有 $<T, Loc, PS>$ 中的 PS 进行空间反变换，得到目标的回波数据 TarS，将数据集 $<T, Loc, TarS>$ 计入 TS。

步骤 10：令 $n=n+1$，如果 n 大于 RS 的周期数，结束计算，否则回到步骤 2。

利用模拟雷达回波数据进行数据清洗，其中一个扫描周期的清洗结果如图 2.4 所示，可看到筛选出疑似底噪，较好地提取了目标信号，同时也完成了对目标的聚类工作，提高了数据的可使用率。

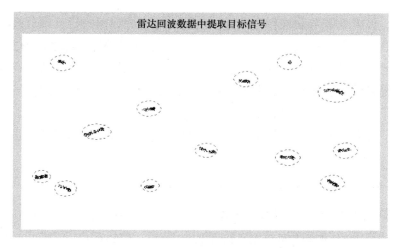

图 2.4　一个扫描周期的清洗结果

2.2.3　数据变换

　　数据变换，是指按照一定的规则和要求，将数据转换成适合数据挖掘的形式。在数据预处理阶段，通过数据变换，可以使数据形式更为统一、有效，更容易被计算机读取和理解，数据挖掘过程更为快速、高效。

　　1. 数据变换的策略

　　数据变换主要对数据进行光滑、属性（特征）构造、聚集、规范化、离散化等处理。

　　（1）光滑：去除数据中的噪声，相关技术包括分箱、回归和聚类。

　　（2）属性（特征）构造：可以由给定的属性构造新的属性，并添加到属性集中。

　　（3）聚集：对数据进行汇总或聚集，如对雷达部队的日报、简报、详报等数据，以及对多个抽象层的数据进行分析，构造数据立方体。

　　（4）规范化：把属性数据按比例缩放，使之落入一个特定的小区间。

　　（5）离散化：将属性数据的原始值用区间或概念标签替换，如高度，可以将具体高度值量化成 100～1000m、1000～5000m、5000～10000m 等区间，或者低空、中空、中高空等概念标签。离散化可以将数据组织成更高层概念，将数值属性概念分层，提高精准数据挖掘的指向性。

　　需要注意的是，数据预处理的主要任务之间存在部分重叠，如数据光滑。数据光滑是一种数据清洗的通用方式，但是数据变换策略中的"光滑"是根据数据变换要求而进行的一系列有明确目的的动作，相较于数据清洗中的

"光滑"，其更具有专业性和指向性。例如，对航迹数据进行光滑处理，数据清洗中的光滑主要是去除航迹中的"飞点""跳点"等噪声或冗余数据，保证数据的正确性；而数据变换中的光滑则是为了保证数据的严谨，在规范使用的前提条件下，将模糊、残缺数据（航迹格式正确，但是数据信息不够完整，达不到使用要求）进行剔除。

本节主要以雷达情报标准化数据格式转换为例，对数据规范化进行重点介绍。

2. 典型预警雷达情报数据变换方法

预警雷达情报具有多种标准化的格式，用于各级系统间的数据传输和解析。异构系统之间的通信根据不同单位的配置，有的采用 A 格式传输，有的采用 B 格式传输，但目标情报本身的参数信息是一致的。针对该目标进行数据保存时，按系统实际情况，既需要存储 A 格式情报，又需要存储 B 格式情报，对于数据挖掘来说，这会造成额外的负担和不必要的开支。

因此，需要将各种不同格式的预警雷达情报进行统一规范化处理，数据变换典型流程如图 2.5 所示。

图 2.5 预警雷达情报数据变换典型流程

（1）数据解析。

数据解析是指针对多个不同规模的数据集进行属性的并集处理，去除属性重复的部分，按照最大包含理念，生成统一的属性集，并且对不同数据集都能完整地描述。

针对 A 格式情报和 B 格式情报进行数据解析，发现 A 格式情报的所有属性项都能被 B 格式情报所包含，两种格式中的属性名可能不相同，但是所表达的数据值具有一致性。因此，对于两种不同格式的情报，以 B 格式情报的属性项为参照，制定标准数据中间件格式，用于数据存储和解析，使得两种格式情报的数据变换规范统一，也能够对同一空情目标数据进行 A 格式情报和 B 格式情报之间的对照变换。

（2）属性映射。

将 A 格式情报和 B 格式情报的属性项，对应到数据中间件的属性项中，实现数据的解析、映射和存储。但是，作为情报格式标准，A 格式情报和 B

格式情报的每个属性项都有各自的数据解析规范和要求，因此在进行属性映射时，还要注意每个属性项的数据解析方法，确保数据变换正确。

（3）度量单位转换。

情报数据格式因传输、变换等要求，在度量单位上有着各自的规定。因此，在属性映射之外，还要确保各种格式情报的度量单位在数据中间件上的表现是统一的。例如，A 格式情报在高度属性中，根据具体数值，度量单位有时候是十米，有时候是百米；而 B 格式情报的高度单位都是米。因此，数据中间件的高度可以统一用"米"来度量，即在进行 A 格式情报的高度度量单位转换时，统一转换成以"米"为单位进行存储。

（4）数值转换。

在进行数值转换时，一方面，情报中部分参数信息是按照密语形式表示的，因此在转换成底层的数据中间件时，需要将密语解析成明文格式，按照明文字符号或数据字典等形式存储；另一方面，针对一些具体数值使用依赖性不高的情况，可采取数据规范化算法，使数值落入相对应的较小区间内，提高后续数据挖掘的效率。例如，目标高度数据在数值上是相当精确的，每个雷达观测值可能会落在 0～30000 米的任一区间内。但是，在数据使用上，如查看某一高度的目标数据，不会搜索查询 110 米或 12780 米具体高度的目标，而是通过 100～1000 米的区间，或者低空、中空、高空等关键字进行范围搜索。因此，针对这一类数值进行存储时，除了对高度原始值进行留存，还可以通过数值转换的方式，根据作战需求降低数值精度，实现数据高效存储。

常用的数据规范化包括离散规范化、最小–最大规范化、Z 分数规范化、按小数定标规范化等。还是以高度为例，通过数据离散，建立数据字典，如低空表示 0～1000m 的高度，中空表示 1000～10000m 的高度，高空表示10000～20000m 的高度。在进行数值存储时，将不同高度的目标按区间转换成对应的数据字典值。这样后续在按高度进行数据挖掘时，可大大缩短搜索时间。

2.2.4　数据规约

在海量的原始数据上进行复杂的数据分析和挖掘将耗费大量的时间，这是不现实或不可行的，因此需要对原始数据进行规约处理。数据规约是指在尽可能保持数据本义的前提下，通过调整数据结构等方式，最大限度地精简数据量。规约后的数据最大限度地保留了原始数据的特征集合，并能生成相同（或几乎相同）的分析结果。

1. 数据规约分类

数据规约的前提是熟悉数据内容，并理解数据挖掘需求，然后有针对性地进行数据拆分重组。数据按内容和需求，主要从以下三个方面进行规约处理。

（1）特征规约：从原有的特征中删除不重要或不相关的特征，或者通过对特征进行重组来减少特征的个数。其原则是在保留，甚至提高原有判别能力的同时减少特征向量的维数。特征规约算法的输入是一组特征，输出是它的一个子集。特征规约处理后的数据，获得了更少的特征属性，简化了数据挖掘处理过程，提高了挖掘效率，加快了挖掘进度。

（2）样本规约：从数据集中选出一个有代表性的样本的子集。子集大小的确定要考虑计算成本、存储要求、估计量的精度及其他一些与算法和数据特性有关的因素。原始数据集中最关键的维数就是样本的数目，也就是数据表中的记录数。数据挖掘处理通常会对整个数据集进行取样分析，这样既消耗时间，又增大取样误差，因此需要对完整的数据集进行筛选，根据需求获取合适的样本集。与针对整个数据集的数据挖掘比较起来，样本规约具有成本较低、速度更快、范围更广等优点，有时甚至能获得更高的精度。

（3）特征值规约：采用特征值离散化技术，将连续型特征的值离散化，使之成为少量的区间，每个区间映射到一个离散符号进行替代。这种规约的好处在于简化了数据描述，利用范围表征来做到数据轻量化，并易于理解数据和最终的挖掘结果。特征值规约包括有参数方法和无参数方法两类：有参数方法使用一个模型来评估数据，只需要存放参数，而不需要存放实际数据，如回归（线性回归和多元回归）和对数线性模型（近似离散属性集中的多维概率分布）；无参数方法需要存放实际数据，如直方图、聚类、抽样（采样）。

2. 数据规约方法

数据规约的具体实现方法主要有数据立方体聚集、维规约、数据压缩、数值规约、离散化和概念分层等。

（1）数据立方体聚集：数据的多维建模和表示，由维和事实组成。数据立方体聚集将 n 维数据立方体聚集为 $n-1$ 维数据立方体。常用的数据聚集方法有平均（avg）、总数（count）、总和（sum）、最小（min）、最大（max）等。例如，在统计目标最大飞行速度、最小飞行速度、平均飞行速度时，可以采用数据立方体聚集方法进行降维。

（2）维规约：在数据集结构中，去除无关的属性字段，减小挖掘处理的数据量。

（3）数据压缩：用数据编码或变换，得到原始数据的压缩表示，包括有损压缩和无损压缩两种。综合航迹数据更多用在目标活动规律提取方面，如目标活动航线/区域提取。综合航迹的数据率比较高，同时目标活动的航线相对比较平滑，在航线提取时更多关注目标的特征点，如拐弯点等。因此，可以对综合航迹数据进行样本规约处理，也就是通过曲线拟合、合并法、分裂法等提取航迹特征点，减少需要保存的样本数。

（4）数值规约：用较小的数据、较小的数据单位，或者数据模型代表数据，以减小数据量。常用的方法包括直方图、用聚类数据表示实际数据、抽样（采样）、参数回归。

（5）离散化和概念分层：离散化通过将属性取值（连续）范围分为若干区间来帮助消减一个属性的取值个数。概念分层定义了一组由低层概念集到高层概念集的映射。它允许在各种抽象级别上处理数据，从而在多个抽象层上发现知识。

3. 典型航迹数据规约

预警雷达情报数据中数据量级最大的是空情目标航迹数据，即每个雷达周期都会生成一个空中目标的活动轨迹点及相关属性。可见，一个完整的空中目标的航迹信息是由大量点迹组成的，由于目标的运动轨迹是连续变化的，在一个窄时间窗内，点迹位置的变化相对平缓，信息可用率不高。因此，可对航迹数据进行规约，采用少量特征点和曲线参数来代替全部点迹，这样既保留了航迹的参数化特征，又极大地减小了数据量。

目前，针对二维曲线的压缩提取有比较多的成熟算法，比较典型的有间隔取点法、合并法（偏角法）、垂距法、分裂法（道格拉斯法）、基于斜率的矢量曲线特征点提取法（简称斜率法）。

（1）间隔取点法。

间隔取点法保留曲线的首末点，并沿着曲线每隔 k 个点保留 1 个点，或者每隔 1 个规定距离保留 1 个点。其特点是算法简单，但不一定能恰当地保留空间曲线上曲率显著变化的点，适用于特殊的航迹（如在同一高度上沿直线飞行、沿直线匀速上升或下降），本书暂不考虑用该算法来提取航迹。

（2）合并法。

合并法保留曲线的首末点，沿着曲线逐点计算通过当前点的两条直线之间的夹角，若夹角小于给定阈值，则保留该点，否则舍去。合并法示意图如图 2.6 所示。

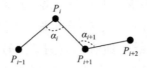

图 2.6　合并法示意图

（3）垂距法。

垂距法保留曲线的首末点，沿着曲线逐点计算当前点到该点前后两点的距离，若距离大于给定阈值，则保留该点，否则舍去。垂距法示意图如图 2.7 所示。

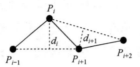

图 2.7　垂距法示意图

（4）分裂法。

分裂法保留曲线的首末点，在给定的曲线两端之间连一条直线，判断曲线上每个点到直线的垂距，若垂距小于给定阈值，则舍去该点，保留大于给定阈值的最大垂距点，并用该点将原曲线分割为两段曲线，对它们递归地重复使用分裂法。分裂法示意图如图 2.8 所示。

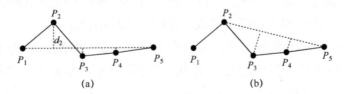

图 2.8　分裂法示意图

（5）斜率法。

斜率法主要利用二维空间曲线相邻线段的斜率差来判断某个点是不是特征点。该方法无论从曲线的哪个方向上进行特征点提取，所提取的特征点结果都会一样，在进行面域的曲线压缩过程中，不会重复提取特征点。具体方法是从曲线的一端开始顺次计算两个采样点之间线段的斜率，并顺次将相邻两线段的斜率求差，若后一线段斜率与前一线段斜率之差的绝对值小于某个定值，则两条线段中间的连接点作为冗余点被压缩，于是两条线段合为一条线段。如果后一线段斜率与前一线段斜率之差的绝对值大于某个定值，则两条线段中间的连接点作为特征点被保留。

　　以一段航迹点数量为 512 的真实航迹为例，通过设定斜率误差阈值 N 进行拟合。误差阈值的取值与航迹的量纲和实际数据相关，不同的阈值能得到不同的拟合结果和误差，需要根据经验设置调整，最后的航迹数据规约效果如图 2.9 所示。在图 2.9 中，圆圈为该航迹数据规约提取后的特征点，与原始航迹相比，其基本上能够做到完全覆盖，且航迹点数量大大减少。

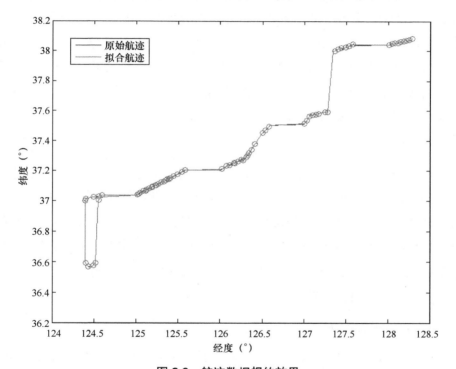

图 2.9　航迹数据规约效果

2.2.5　数据整编

　　数据整编是一个宽泛的概念，从广义上来说，是对原始资料按科学方法和统一规格进行分析、统计、审核、汇编或存储等工作的总称。本书中的预警情报数据整编是指，在数据集成、数据清洗、数据规约等一系列计算机自动处理之后，采取人工方式，按规定和要求，对数据进行补充、建立相关关系等一系列的操作。

例如，同一目标在同一天不同时段飞行的航迹采用了不同的批号，无法通过算法由计算机进行自动判断关联，需要采取人工方式将不同时段的航迹建立相关关系。数据整编是采用人工方式进行的，工作量比较大，也很重要。数据如果不进行补充完善，则很可能导致分析效率低下，无法找出可用信息。

1. 非标准化资料录入

对于预警情报数据，需要收集包括雷达装备工作状态参数、工作环境参数、原始视频、原始航迹、综合航迹等在内的数据。其中，工作环境参数等信息是通过 Word 文档或手写方式进行记录的。因此，这一类非标准化的资料无法通过数据变换等方式映射到底层数据库中，需要人工进行查看读取，手动输入数据平台。在事先设计好的数据库基础上，人们可以通过人工录入界面，完成将非标准化资料录入数据库系统的工作。

2. 数值人工补齐

针对一些数据集成、数据变换造成的模糊、冲突或者数据项不全，进行人工确认，并将数据参数值设定完整。例如，不明空情这一重要目标数据，从发现到消失，系统都未对其进行定性，事后通过多方查证，才掌握其可能是空飘物这一具体类型。因此，在针对这样的系统航迹进行数据变换时，按系统内标准格式存储后，目标类型这一项是缺失的，只能通过人工录入的方式补充完全，才可用于后续的数据分析和挖掘工作。

3. 数据手动关联

在预警情报数据中，针对同一目标的空情数据，从雷达收集探测雷达的型号、工作状态和目标回波视频，从站系统收集目标原始航迹，从上级系统收集目标综合航迹，这些数据在现实中存在关联，是同一目标实体在不同系统、不同方面的多维体现。因此，对于这一类数据，在数据结构中提前做好数据关联工作是很有必要的。但是，某些情报数据之间，在系统这一层次上又没有具体的关联键，如目标回波视频和原始航迹无法通过某一属性进行自动关联。因此，数据在整编时，应按照批号和时序进行人工确认，关联形成目标完整的数据链，以便后续分析时对空情数据进行完整、快速的挖掘和提取。

2.3　数据存储

　　预警情报智能分析数据流在加工过程中会产生临时文件或需要查找的信息，为保存这些信息以供实时或后续使用，数据需要以某种形式记录在计算机内部或外部存储媒介上，这就是数据存储。数据流反映了系统中流动的数据，表现出动态数据的特征。数据存储反映系统中静止的数据，表现出静态数据的特征。按表现形式，数据可分为结构化数据、非结构化数据和半结构化数据三类。其中，半结构化数据主要在互联网中被较多提及，且定位较模糊，本书针对预警情报数据特性，将半结构化数据都简单归为非结构化数据处理。

2.3.1　存储管理架构

　　根据预警情报大数据挖掘分析体系中数据海量分析、海量存储、安全性要求高的特点，本书选择使用云存储技术来存储管理情报数据。云存储系统是通过集群应用、网格技术或分布式文件等功能，将网络中大量各种不同类型的存储设备通过应用软件集合起来协同工作，共同对外提供数据存储和业务访问功能的一个系统。预警情报智能分析数据存储管理架构如图 2.10 所示。

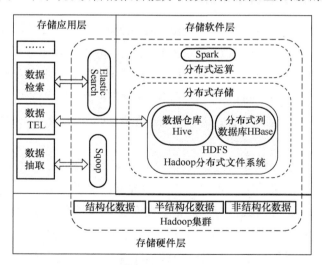

图 2.10　预警情报智能分析数据存储管理架构

　　预警情报智能分析数据存储管理系统基于 Hadoop 框架构建云存储平台。Hadoop 分布式文件系统（Hadoop Distributed File System，HDFS）运行于普通机器构建的大规模集群之上，为上层应用程序提供一个统一的文件系统应用程序接口，可实现超大文件存储、高吞吐量数据访问，以及具有高容错性，可以文件格式存储海量非格式化数据，也可以基于 HDFS 构建分布式列数据库 HBase。HBase 是构建在 HDFS 上的列数据库，可以存储结构化数据和半结构化数据，针对某列或某几列的查询具有 I/O 优势，查找速度快、可扩展性强、容易进行分布式扩展。Hive 是一种 SQL on Hadoop 技术，它把 SQL 编译成 MapReduce，从而可读取和操作 Hadoop 上的数据。通过 Hive，可利用 SQL 语言来操作和分析预警情报大数据。同时，为了对格式化数据进行管理和查询，可以加入 MySQL 数据库系统，通过 Sqoop 工具实现与 Hadoop 分布式文件系统的同步。MySQL 是一个开源的关系型数据库，可用于存储结构化数据，具有数据一致性、读写实时性、多表关联查询等特点。

存储系统为应用层各类功能应用提供支撑。存储系统中的数据来自数据收集系统，各类数据从信息源被采集后按照"分类分级"策略放入存储系统。数据预处理通过对原始数据进行处理，提取特征数据和目标数据，并提升这些"精炼数据"的级别，存入高一级的设备和软件系统。例如，原始雷达回波数据存储在磁带上，运用文件系统进行管理；经过预处理得到的半格式化数据存入 HBase 数据库，存储在磁盘上。

2.3.2　结构化数据存储

结构化数据也称为行数据，是由二维表结构来逻辑表达和实现的数据，严格地遵循数据格式与长度规范，主要通过关系型数据库进行存储和管理。

关系型数据库是建立在关系模型基础上的数据库，借助于集合代数等概念和方法来处理数据，同时是一组具有正式描述的表格，该形式的表格实质上是装载数据项的特殊集合，这些表格中的数据能以许多不同的方式存取或被重新召集而不需要重新组织。

传统的关系型数据库分为两类。一类是桌面数据库。一般而言，桌面数据库用于小型、单机的应用程序，它不需要网络和服务器，安装、使用比较方便，但只提供简单的数据存取功能，常见的桌面数据库有 Access、FoxPro 和 dBase 等。另一类是客户端/服务器（Client/Server）数据库。客户端/服务器数据库主要适用于大型、多用户的数据库管理系统。应用程序包括两部分，一部分驻留在客户端，用于向用户显示信息及实现与用户的交互；另一部分驻留在服务器中，主要用来实现对数据库的操作和对数据的计算处理。常用的客户端/服务器数据库有 SQL Server、Oracle、MySQL 等。

MySQL 是一个快速、多线程、多用户、健壮的开源数据库管理系统，使用最常用的数据库管理语言——结构化查询语言（SQL）来进行数据库管理。MySQL 具有以下优点：

（1）是一个关系型数据库管理系统；

（2）开源；

（3）是一个快速、可靠和易于使用的数据库服务器；

（4）工作在客户端/服务器模式或嵌入式系统中；

（5）有大量的 MySQL 软件可以使用；

（6）支持多种数据库引擎。

由于 MySQL 是开放源代码的，因此任何人都可以在 General Public License 的许可下下载并根据个性化需要对其进行修改。MySQL 因其速度、可靠性和适应性而备受关注。大多数人认为，在不需要事务化处理的情况下，MySQL 是进行数据管理最好的选择。

2.3.3　非结构化数据存储

非结构化数据是数据结构不规则或不完整、没有预定义的数据模型、不适合用数据库二维逻辑表来表现的数据，如所有格式的办公文档、文本、图片、XML 文件、HTML 文件、各种报表、图像、音频、视频信息等。随着计算机及网络技术的发展，科学、工程、商业、军事等领域每时每刻都在产生大规模的数据，国际数据中心调查显示，其中 80%以上的数据是非结构化数据。非结构化数据种类多样，计算机很难自动理解内容，也难以进行批量化处理。所以，存储、检索、发布及利用非结构化数据需要更加智能化的 IT 技术，如海量存储、智能检索、知识挖掘、内容保护、信息的增值开发利用等。

传统的关系型数据库由于自身的数据模型架构问题，存在应用场景具有局限性、快速访问海量数据的能力被束缚、对非结构化数据的处理能力不足、扩展性能差等缺点，已经无法满足大数据量的存储。新型数据库技术向着非关系型数据库发展，即 NoSQL。

NoSQL（Not only SQL）即"不仅仅是 SQL"，泛指非关系型数据库。随着互联网 Web 2.0 技术的兴起，传统的关系型数据库在应对 Web 2.0 网站，特别是超大规模和高并发的社交网络服务（Social Networking Services，SNS）类型的 Web 2.0 纯动态网站时，已经显得力不从心，暴露了很多难以克服的问题，而非关系型数据库由于其本身的特点得到了非常迅速的发展。NoSQL 数据库就是为了应对大规模数据集和多重数据种类带来的挑战，尤其是大数据应用难题而产生的。

因此，NoSQL 数据库解决了传统的关系型数据库存在的问题，具有以下优点：

（1）数据模型比较简单；

（2）需要灵活性更强的 IT 系统；

（3）对数据库性能要求较高；

（4）不需要高度的数据一致性；

（5）对于给定的 Key，映射复杂值比较容易。

NoSQL 数据库按数据模型分为以下四类。

（1）键值（Key-Value）存储数据库。

该类数据库会使用到哈希表，哈希表中有一个特定的键和一个指针指向特定的数值。Key-Value 模型对于 IT 系统来说，优势在于简单、易部署。但是，当管理员只对部分值进行查询或更新时，Key-Value 模型就显得效率低下了。典型键值存储数据库有 Tokyo Cabinet/Tyrant、Redis、Voldemort、Oracle BDB。

（2）列存储数据库。

该类数据库通常用来应对分布式存储的海量数据。键仍然存在，但是指向了多个列，这些列是由列族来安排的。典型列存储数据库有 Cassandra、HBase、Riak。

（3）文档型数据库。

受 Lotus Notes 办公软件的启发，文档型数据库诞生了，而且它同键值存储数据库类似。该类数据库的数据模型是版本化的文档，半结构化的文档以特定的格式存储，如 JSON。文档型数据库可以看作键值存储数据库的升级版，其允许数据之间嵌套键值，而且文档型数据库的查询效率比键值存储数据库更高。典型文档型数据库有国外的 CouchDB、MongoDB，以及国内的 SequoiaDB（其开源存在）。

（4）图形数据库。

图形数据库同其他行列及刚性结构的 SQL 数据库不同，它使用了灵活的图形模型，并且能够扩展到多个服务器上。NoSQL 数据库没有标准的 SQL 查询语言，因此进行数据库查询时需要制定数据模型。许多 NoSQL 数据库都有 REST 式的数据接口或查询 API。典型的图形数据库有 Neo4j、InfoGrid、Infinite Graph 等。

四类主流 NoSQL 数据库的对比如表 2.1 所示。

Hadoop 作为当前主流的大数据框架之一，其具有开源、稳定等优势，在各领域的数据存储中都被广泛应用。列存储数据库 HDFS、HBase、Hive、

HAWQ 是列存储框架内的系列数据存储管理系统，支持海量数据、大容量数据、非格式化数据的存储和访问，能够满足大数据快速分析挖掘的需求。

表 2.1　四类主流 NoSQL 数据库的对比

序号	分　类	典型应用场景	优　点	缺　点
1	键值存储数据库	内容缓存，主要用于处理大量数据的高访问负载，也用于一些日志系统等	查找速度快	无固定结构，通常只被当作字符串或者二进制数据，管理效率不高
2	列存储数据库	分布式的文件系统	查找速度快，扩展性强，更容易进行分布式扩展	功能相对局限
3	文档型数据库	Web 应用（与键值存储数据库类似，Value 是结构化的，不同的是数据库能够了解 Value 的内容）	数据结构要求不严格，表结构可变，不像关系型数据库那样需要预先定义表结构	查询性能不高，缺乏统一的查询语法
4	图形数据库	社交网络、推荐系统等，专注于构建关系图谱	直观灵活的图模型结构，节点、关系可动态调整	在大多数情况下需要对全图进行计算才能得出所需信息，效率较低。另外，图形结构不适合分布式集群方案

HDFS 采取主从结构方式，按照管理节点-数据节点的模式运行。一个 HDFS 集群存在一个管理节点（NameNode），管理节点是管理文件命名空间和调节客户端访问文件的主服务器。其他节点为数据节点（DateNode），通常一个数据节点是一台计算机，用来进行数据存储。分布式存储的核心思想是将一个文件分割成一个或多个块（Block），这些块被存储在各个数据节点中。管理节点用来操作文件命名空间的文件或目录，如打开、关闭、重命名等，它同时确定块与数据节点的映射。数据节点负责处理来自文件系统客户的读写请求。数据节点同时要执行块的创建、删除，并记忆来自管理节点的块复制指令。

无论什么格式、类型的数据文件，统一进行分块存储，可大大简化数据库存储设计。将数据实体及元数据（数据名、数据类型等）分开管理，能够提高数据检索的效率。同时，将数据分块进行分布式冗余备份，按规则切分存储到不同的数据节点中（默认最少 3 个节点），可以确保在任何一个数据节点出现故障时，数据都不会损坏或缺失，而这些数据存储底层操作对用户是透明的。

2.4　本章小结

预警情报主要是利用雷达等探测手段获得的对来自空天领域的目标进行早期预警、临战预警和监视预警的情报。预警情报数据就是预警情报体系所产生的相关数据信息，是预警情报智能分析的基础。本章介绍了预警情报智能分析中来自预警装备和各级预警信息系统的六种数据来源，梳理了用于分析的七种数据类型，给出了数据收集的方法、要求，重点论述了数据预处理中的数据集成、数据清洗、数据变换、数据规约和数据整编的原理和方法，最后提出了基于大数据技术的存储管理架构，阐述了结构化数据和非结构化数据的存储管理。这些内容能够帮助读者对预警情报智能分析算法进行理解。

第 3 章

预警目标有效运动特征智能提取算法

运动特征是预警目标的特征之一，能够反映目标在运动时呈现的特有规律，是进行目标识别判性的重要依据。预警情报综合航迹数据中蕴含着丰富的目标运动信息，情报分析人员常用统计分析方法从中获得目标运动特征。但是，这种方法仅能获取简单的特征值，无法提取出具有高有效性的目标运动特征。因此，本章研究一种基于遗传算法（Genetic Algorithm）、K 最近邻（K-Nearest Neighbor）算法的预警目标有效运动特征智能提取算法 GA-KNN。

该算法以目标的预警情报综合航迹数据作为输入，首先对数据进行预处理，其次降维处理清洗完毕的综合航迹数据，确定目标运动特征值，最后获得最有效的目标运动特征，以此降低冗余特征对预警情报分析准确性的影响。本章把基于预警情报综合航迹数据的运动特征的降维提取，以及寻优过程称为有效运动特征提取。

3.1 预警目标有效运动特征提取概述

本节首先介绍预警目标有效运动特征的概念，其次分析预警目标有效运动特征提取流程，最后总结预警目标有效运动特征提取方法。

3.1.1 预警目标有效运动特征概念

本书所讲的预警目标通常是指能够被雷达等预警探测手段所掌握，来自空天，特别是空中领域的威胁目标。预警目标运动特征是指物体运动时自身的非本质属性，能够反映目标的运动状态，是目标识别判性的主要依据之一，主要包括高度、航向、速度、加速度和转弯半径等。其中，高度表示目标在预警雷达可探测区域的飞行高度，一般是一个区间范围，它受飞行器自身性能的影响，也与执行的任务相关。航向可以为目标活动规律分析、目标航迹预测、目标企图判断等提供依据。速度一般受其自身固有性能的限制，也与任务需求相关。加速度可以及时反映速度的变化趋势，为目标识别判性、确定威胁等级提供依据。转弯半径是目标在改变方向时航迹圆的半径，它反映了目标的机动性能。

预警目标的有效运动特征是指为预警目标识别判性提供可靠依据的运动特征。由定义可知，预警目标的有效运动特征来源于运动特征，是运动特征的子集。因此，提取预警目标有效运动特征必须基于预警目标运动特征，去除对目标识别判性贡献较小的运动特征，剩余的贡献较大的运动特征即被视为预警目标的有效运动特征。有效运动特征是在目标识别时贡献度最大的一类运动指标，对它进行提取可以使后续目标识别更有针对性。

明确了目标运动特征的常见类型后，如何获取这些特征是预警情报分析的关键环节。由于预警情报综合航迹数据中蕴含丰富的目标运动信息，因此本章将预警情报综合航迹数据作为提取目标有效运动特征的数据源。如果直接对综合航迹数据进行统计，则仅能获取部分运动信息，而无法准确地反映目标的运动状态。基于此，本章研究的目标有效运动特征提取是在对综合航迹数据降维处理的基础上进行的，首先获取类型丰富的运动特征，然后从中选优，得到既能够准确地反映目标运动状态又能够从运动角度明显区分不同目标的运动特征。

3.1.2 预警目标有效运动特征提取流程

预警目标有效运动特征提取以综合航迹数据作为输入，考虑到综合航迹数据的数据量巨大的特点，首先，根据大数据自身的特点对综合航迹数据按照空域和时域两个维度进行数据分块，主要按照目标的活动时间和活动区域对航迹进行划分，并且根据划分的结果提取目标的分域特征；其次，为了完整地获取目标运动特征，需要将不同数据块的分域特征进行综合提取，以此得到目标的全域特征；最后，在全域特征的基础上，采用智能的方法对特征进行降维，以此提取预警目标的有效运动特征，具体流程如图 3.1 所示。

3.1.3 预警目标有效运动特征提取方法

当前，在预警情报分析领域，通常采用简单的数学统计方法提取雷达目标的运动特征。统计是对与某一现象有关的数据的收集、整理、计算和分析等。当目标出现在预警雷达探测范围内时，雷达会对其进行持续跟踪，通过对接收到的回波进行处理，能够得到目标的航迹数据，其中蕴含着目标的速度、高度、方向和情报点时间等信息。因此，提取目标的有效运动特征可以从航迹数据着手，通过数学统计方法提取目标的运动特征，如速度、高度和加速度等的均值、方差、极值和中位数等；然后以图表的形式，如散点图、气泡图、折线图和盒状图等将运动特征可视化。这种方法虽然简单、可操作性强，但是容易受到异常航迹数据的影响。

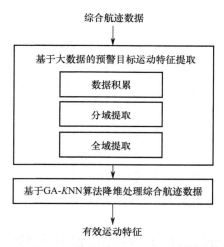

图 3.1　预警目标有效运动特征提取流程

　传统的运动特征提取方法主要有以下四个特点：

　（1）研究对象主要是弹道导弹、舰载无人机等特定类型目标；

　（2）样本量少，忽略了历史数据的挖掘价值，导致其中蕴含的大量情报未被有效获取；

　（3）方法单一，主要采用统计分析法，并且经常需要依靠雷达操纵员和各级指挥员的经验将各类目标运动特征进行分类统计；

　（4）提取效率低下，以人工方式对各类运动特征进行相关的数学分析。

　传统的运动特征提取主要存在样本量少、方法单一、效率低下等问题，使得最终提取的运动特征不全面、不客观、不准确，而人工智能技术可以很好地解决上述问题。

　运动特征主要体现了预警目标的运动规律，可以从运动特征的角度区分不同类型的目标。目标的航迹数据中蕴含诸多运动信息，提取目标的有效运动特征即对航迹数据进行数据挖掘，得到能够为目标识别判性提供可靠依据、贡献较大的特征。结合预警情报分析的实际情况，目标运动特征提取的目的是分析目标运动特征及其统计量的多样性，从而辅助目标识别判性。因此，本章采用特征寻优与目标分类相结合的智能方法提取有效运动特征。首先，数据是智能化提取目标运动特征的基础，对综合航迹数据进行预处理，不仅要对其中存在的缺失值、重复数据和异常数据等"脏数据"进行清洗，以此提高航迹数据的质量，还要统一量纲、调整数据类型，以便进行数据处理与分析，为提取有效运动特征做好准备；其次，通过聚合、转换方法对综合航迹数据降维处理，获取类型丰富的运动特征；最后，构造一种特征提取器，这也是智能化提取目标有效运动特征中最重要的一步，通过特征提取器可以自动、高效地提取出最有效的目标运动特征。

相较于其他优化算法，GA 不仅操作性强，而且在利用进化过程获得的信息自行组织搜索时，适应度大的运动特征具有较高的生存概率，能够获得更符合要求的基因结构。GA 可以同时处理群体中的多个个体，降低陷入局部最优解的风险，容易实现并行化。所以，GA 具有自组织性、自适应性和自学习性，能够智能地提取目标有效运动特征。此外，GA 中的编码环节可以很好地通过标准二进制编码来对特征进行标记。因此，本章提出了一种提取雷达目标有效运动特征的 GA-KNN 智能算法。

3.2　基于大数据的预警目标运动特征提取

数据是特征提取的基础，目标运动特征主要蕴含于预警情报综合航迹数据中。综合航迹数据因其自身庞大的数据量而不便于直接应用于预警情报分析。小样本量特征提取一般直接对样本数据进行统计计算，由于综合航迹数据的数据量巨大，不适合使用此方法进行特征提取。因此，本章根据数据的自身特点提出了一种基于大数据的预警目标运动特征提取方法。首先对综合航迹数据进行数据积累，其次按照综合航迹数据的时间、空间等进行分域提取，最后将各域的提取结果合并对大数据进行全域提取。

3.2.1　数据积累

综合航迹数据是一种结构化数据，结合其数据量巨大的特点，可以搭建 Hadoop 大数据平台，对获取的数据进行底层操作，并通过 Hadoop 分布式文件系统（Hadoop Distributed File System，HDFS）将处理后的数据进行分布式存储，为情报分析用户提供并发访问和数据冗余，利用 Hadoop 资源管理器 YARN（Yet Another Resource Negotiator，另一种资源协调者）对分布式集群进行高效管理。

　　HDFS 是 Hadoop 大数据平台的核心之一，具有分布式存储、高容错、高吞吐的特点。NameNode 用来管理 HDFS 的命名空间，因此又被称为名称节点，它保存 FsImage 和 EditLog，并且仅有一个。其中，FsImage 存储文件系统的元数据，包括文件及其目录结构、组成文件的块的信息、副本数量信息等；EditLog 存储文件的创建、删除、重命名等操作信息。DataNode 用于存储具体的文件，因此被称为数据节点，可以有多个。Block 是 HDFS 中的一个存储单元，大小默认为 128MB，也可以根据具体任务自定义其大小。

　　将综合航迹数据写入 HDFS 的过程如图 3.2 所示。

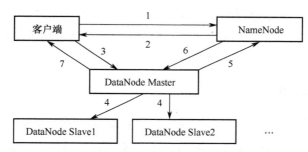

图 3.2　将综合航迹数据写入 HDFS 的过程

　　步骤 1：客户端向 NameNode 发起请求。

　　步骤 2：NameNode 根据实际情况选择 Block，以及与 Block 对应的 DataNode，并将信息反馈给客户端。

　　步骤 3：客户端从反馈信息的 DataNode 中选择一个作为主节点 Master。

　　步骤 4：按照并行写入原则，DataNode Master 将回波显影存入 DataNode Slave1, DataNode Slave2, ⋯。

　　步骤 5：当综合航迹数据存储完毕后，DataNode Master 向 NameNode 反馈 Block 信息。

　　步骤 6：NameNode 会给 DataNode Master 一个反馈。

　　步骤 7：DataNode Master 向客户端反馈的数据写入完毕。

　　从 HDFS 中读取综合航迹数据的过程如图 3.3 所示。

　　步骤 1：客户端与 NameNode 建立联系，并向其发出请求。

　　步骤 2：NameNode 将 Block 的位置信息反馈给客户端。

　　步骤 3：客户端根据所需的综合航迹数据所在的位置选择需要建立联系的 DataNode。

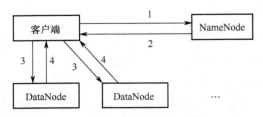

图 3.3　从 HDFS 中读取综合航迹数据的过程

步骤 4：DataNode 将综合航迹数据反馈给客户端，并验证数据的完整性。

在读取数据时，如果客户端与 DataNode 在通信时发生错误，则系统会自动从另一个最邻近的 DataNode 中读取数据，同时也会记录下发生错误的DataNode。为了保证数据的完整性，系统也会自动对读取的数据进行验证。若发现数据有误，则可以从其他 DataNode 中读取该数据的备份，同时也会将已损坏的信息反馈给 NameNode。

3.2.2　分域提取

分域提取是指将综合航迹数据按照空间和时间两个维度进行划分，再分别提取预警目标的运动特征。例如，在分域提取某预警目标的众数特征时，可以先分布式地计算该目标在某空域范围单位时间内的众数，考虑到时域划分的影响，需要对每个众数进行频次标记；在分域提取均值特征时，可以先分布式地计算该目标在某空域范围单位时间内的和，然后对每个和标记对应的样本数；在分域提取某预警目标的最值特征时，可以分布式地计算该目标在某空域范围单位时间内的最值。分域提取的目的是将数据划分为若干份，分布式地计算大数据，提高数据运算的速度，降低数据计算出错的概率。对于综合航迹数据这类表格数据而言，降维提取特征不仅可以通过对不同字段进行混合或分组来得到新的特征，还可以通过对字段进行分解或切分来获取新的特征。在工程实践中，分域提取最常用的方法是聚合特征构造法和转换特征构造法。

1. 聚合特征构造法

聚合特征构造法基于 ID 值计算不同类别、不同属性的统计量。具体的方法有：分组统计特征，如分组统计中位数、简单算术平均数、众数、最大值、最小值、标准差、方差和频数等；统计频数构造特征；分组统计和基础特征工程方法相结合，如中位数分组和线性组合相结合、均值分组和线性组合相结合。

根据上述方法，综合航迹数据可以构造出最大值、最小值、均值、众数、中位数、标准差等类型的聚合特征。其中，最大值和最小值能够反映一组数据的最高水平和最低水平；均值能够反映一组数据的集中趋势，表示统计对象的一般水平和平均水平，并且具有反应灵敏、测定严格、计算简单、受采样变化影响小的优点，但是容易受到极端数据的影响；众数不受极值的影响，可以代表一组数据的一般水平；中位数是一个由它所在位置确定的所有数据的代表值，并且不受极值的影响，具有一定的代表性；标准差能够反映一组数据的离散程度。

2. 转换特征构造法

转换特征构造法通常是指具有一个或多个属性的数据通过算术运算、逻辑运算或关系运算等生成新的特征。常见的转换特征构造法有：单列特征与一个常数做四则运算；单列特征单调变换，如对一组数据执行幂变换，但是该方法不适用于决策树类算法；线性组合，扩展后得到大量特征，但是该方法仅适用于决策树算法和基于决策树的相关算法，不适用于支持向量机、线性回归和神经网络等算法；多项式特征；比例特征；绝对值特征；异或值特征；等等。另外，多种方法相结合也能够得到新的特征。根据上述方法，综合航迹数据可以构造加速度等转换特征。

根据预警情报分析时常用的高度、速度和情报点时间这三个参数，再结合聚合特征构造法和转换特征构造法，最终可以通过综合航迹数据提取得到加速度最大值、加速度最小值、速度最大值、速度最小值、速度均值、速度众数、速度中位数、速度标准差、高度最大值、高度最小值、高度均值、高度众数、高度中位数和高度标准差共计 14 个雷达目标运动特征。

此外，大数据技术中使用 MapReduce 组件可以用一种可靠、容错的方式并行处理大型集群上的预警目标综合航迹数据，也可以对大数据进行加工、挖掘和优化处理。一个 MapReduce 任务主要包括两部分：Map 任务和 Reduce 任务。Map 任务负责数据的获取、分割与处理，其核心执行方法为 map( )；Reduce 任务负责对 Map 任务的结果进行汇总，其核心执行方法为 reduce( )。MapReduce 的设计思想是，从 HDFS 中获得输入数据，将输入的一个大数据量的综合航迹数据集分为多个小数据集，然后对这些小数据集进行并行计算，最后将结果汇总起来，得到最终的计算结果，并将结果输出到 HDFS 中。

3.2.3　全域提取

全域,即所有划分域。全域提取是在分域提取的基础上进行的特征提取。

在全域提取某预警目标的众数特征时,基于分域提取,依据标记的频次,可以比较、计算出该目标的全域众数特征;在全域提取某预警目标的均值特征时,基于分域提取,首先将所有单位时间内的和相加,然后将所有单位时间内的样本个数相加,最后提取到该目标的全域均值特征;在全域提取某预警目标的最值特征时,基于分域提取,比较所有单位时间内的最值,然后提取到该目标的全域最值特征。全域提取的目的是综合分域提取的特征,得到目标的最终特征。

由于分域提取采取了分布式方法,减小了综合航迹数据运动特征提取的运算量,提高了大数据处理的效率。但是,分域提取得到的运动特征仅能反映各个不同域的预警目标运动状态,无法直接反映全域的情况。因此,全域提取能够将从大量预警目标综合航迹数据中分域提取得到的运动特征整合为全域特征,以此实现数据的最终整编。

3.3　基于 GA-*K*NN 的预警目标有效运动特征智能提取

预警目标有效运动特征提取的目的是从综合航迹数据中提取出能够反映目标运动属性的信息。在 3.2 节中,我们已经对基于大数据的预警目标运动特征进行了提取。本节将在此基础上对综合航迹数据进行降维处理,提取出有效性较高的运动特征。

GA-*K*NN 算法能够在第一次降维处理提取到的 14 个运动特征的基础上,再从中提取出对目标识别判性贡献较大的有效运动特征。GA 首先需要确定符合要求的运动特征集,作为初始运动特征种群。其中,一个种群由多条染色体组成,而一条染色体包含若干运动特征。GA 对染色体进行基因编码;确定初始运动特征种群后,按照进化原则,逐代优化得到无限接近最优解的近似解。在每次迭代时,依据个体的适应度选择符合条件的染色体,然后根据遗传原理在染色体间进行选择、交叉和变异等操作,得到新的运动特征种群。经过若干次迭代,可以逐渐获得更加适应设定条件的运动特征种群,将最后优化获取的种群进行解码操作,得到近似最优解。GA 的基本思想如图 3.4 所示。

*K*NN 是一种有监督学习算法,主要思想是:已知训练集中每个样本的

数据和标签，比较每个测试样本的特征与训练集中对应样本的特征之间的距离，得到最相似的 K 个训练样本，则测试样本的标签与 K 个训练样本中出现次数最多的标签相同。

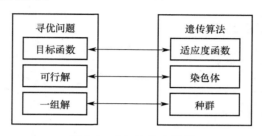

图 3.4　GA 的基本思想

GA 作为一种智能优化算法，可以通过模拟自然界中的物种进化过程来提取目标的运动特征。而 KNN 算法作为一种分类算法，可以根据运动特征对目标进行分类。将目标分类的准确率看作 GA 寻优的依据，即 GA 的适应度函数；将 14 个运动特征看作一条染色体上的基因；将多组运动特征集看作种群。综上所述，结合 GA 和 KNN 两种算法，以 KNN 算法验证特征的有效率作为 GA 的适应度，经过不断的选择、交叉和变异操作，最终得到一组具有高有效性的目标运动特征。GA-KNN 算法提取有效运动特征流程如图 3.5 所示。

GA-KNN 算法的基本步骤如下。

步骤 1：对输入的目标综合航迹数据进行第一次降维处理，提取 14 个运动特征。

步骤 2：根据 14 个运动特征创建初始运动特征种群。

步骤 3：根据当前种群，应用 KNN 算法进行分类。

步骤 4：以 KNN 算法验证特征的有效率作为 GA 的适应度。

步骤 5：若已经达到最大迭代次数，则转到步骤 7；否则，继续下一步。

步骤 6：经过选择、交叉、变异操作得到最新的运动特征种群，转到步骤 2。

步骤 7：提取出一组具有高有效性的目标运动特征。

3.3.1　初始化运动特征种群

GA 中的初始化运动特征种群，即把种群中的每一条代表一组运动特征的染色体进行编码。该操作将运动特征从进行特征选择的解空间转换到 GA 能够处理的搜索空间。编码的方式主要有以下三种。

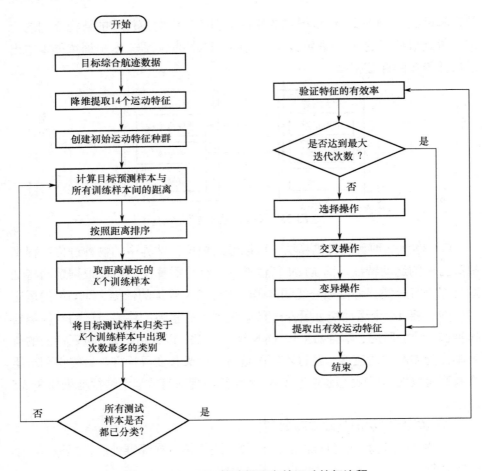

图 3.5　GA-*KNN* 算法提取有效运动特征流程

1. 标准二进制编码

二进制编码是指，用若干 0、1 组成的数字集合表示一条运动特征染色体，将原有问题的解空间映射到位串空间上，然后在位串空间进行遗传操作。该方法不仅编码流程简单，而且便于进行交叉、变异等操作。

2. Gray 编码

利用某种变换方式对标准二进制编码进行转化即可得到 Gray 编码。已知二进制串为 $<\beta_1\beta_2\cdots\beta_n>$，假设 Gray 编码为 $<\gamma_1\gamma_2\cdots\gamma_n>$，则

$$\gamma_k = \begin{cases} \beta_1, & k=1 \\ \beta_{k-1} \oplus \beta_k, & k>1 \end{cases} \tag{3.1}$$

式中，$\oplus$ 表示异或逻辑运算。

3. 实数编码

实数编码不用转换数制，直接对实数本身进行选择、交叉和变异等遗传操作。

在提取有效运动特征时，只需要确定某个运动特征是否被选中，因此可以通过 0 和 1 分别表示舍弃和保留，而且二进制编码简单，便于进行交叉、变异等遗传操作，因此本章选用标准二进制编码方式。

3.3.2　计算距离及分类

初始化运动特征种群后，根据设置的运动特征计算目标测试样本与所有训练样本之间的距离并分类，流程如图 3.6 所示。

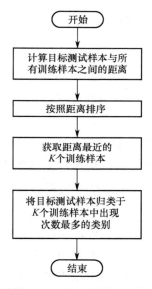

图 3.6　计算目标测试样本与所有训练样本之间的距离并分类的流程

步骤 1：计算距离。

假设有两个样本，分别为 $(x_1, x_2, \cdots, x_n)$ 和 $(y_1, y_2, \cdots, y_n)$，其中，x_n 和 y_n 分别表示两个样本的第 n 个运动特征。常见的距离计算方式如下。

（1）欧几里得距离：

$$d_1 = \sqrt{(y_1 - x_1)^2 + (y_2 - x_2)^2 + \cdots + (y_n - x_n)^2} \tag{3.2}$$

（2）曼哈顿距离：

$$d_2 = |y_1 - x_1| + |y_2 - x_2| + \cdots + |y_n - x_n| \tag{3.3}$$

（3）闵可夫斯基距离：

$$d_3 = \left(|y_1 - x_1|^p + |y_2 - x_2|^p + \cdots + |y_n - x_n|^p \right)^{\frac{1}{p}} \quad (3.4)$$

因为在利用 GA-KNN 算法提取目标有效运动特征之前，已经对综合航迹数据进行过预处理了，可以消除数据异常波动的影响，因此本章采用经典的欧几里得距离计算某个目标测试样本与所有训练样本之间的距离。

步骤 2：排序并获取 K 个训练样本。

根据步骤 1 得到的欧几里得距离，将目标的所有训练样本按照距离升序排列，并获取距离最小的 K 个训练样本。

步骤 3：确定目标测试样本类别。

将该目标测试样本归类于 K 个训练样本中出现次数最多的类别。

3.3.3 计算特征有效率

提取雷达目标的有效运动特征是为了能够从运动信息的角度找到对目标识别判性贡献最大的特征。根据当前的运动特征种群，对样本进行分类。判定运动特征是否有效需要引入有效率这个概念，将有效率作为提取有效运动特征的判断标准。

在所有的目标测试样本全部分类完毕后，可以计算此组目标运动特征的有效率，用于反映当前提取到的运动特征对目标识别判性的影响程度，然后根据有效率的设定阈值，从运动特征中得到对目标识别贡献较高的有效运动特征。

本章采用 GA-KNN 算法提取对目标识别判性有效的运动特征。该算法首先通过 GA 模块寻找目标较有效的运动特征，然后用 KNN 模块对目标的样本进行分类识别，最后将分类的准确度作为反馈信息输入 GA 模块，作为对运动特征有效率评价的指标，引导算法寻找目标的有效运动特征。循环迭代，当满足终止条件时，GA 模块寻找到的运动特征即算法最终提取的有效运动特征。因此，本章提出以 KNN 算法验证目标运动特征的有效率作为 GA 寻优的适应度。有效率定义为

$$E = \frac{N_{\text{t}}}{N_{\text{all}}} \quad (3.5)$$

式中，N_{t} 为分类正确的目标测试样本个数；N_{all} 为所有的目标测试样本个数。

3.3.4 更新运动特征种群

如果根据当前寻找到的运动特征对目标进行分类的准确度不满足终止

条件，则继续通过选择、交叉和变异操作更新运动特征种群。

1. 选择操作

GA 中的选择操作是指从已知的运动特征种群中以某一概率选择出更优的一条运动特征染色体。染色体的适应度越大，运动特征的有效性越高。一般采用适应度比例方法进行选择，即各条运动特征染色体被选择的概率与其适应度成比例。已知某条染色体 i 的适应度为 f_i，则其被选择的概率为

$$p_{si} = \frac{f_i}{\sum_{i=1}^{M} f_i} \tag{3.6}$$

式中，M 为个体的数量。

2. 交叉操作

在 GA 中，交叉操作是生成新运动特征染色体的主要方法。基本的交叉算子主要包括一点交叉、两点交叉和均匀交叉等。均匀交叉对两条染色体每一位已编码的数字以相同的交叉概率进行交换。相较于一点交叉和两点交叉，均匀交叉可以保证每个编码都有相同的概率发生变异，可以生成更多样的新染色体。

3. 变异操作

变异操作可以模拟基因突变，改变运动特征染色体中的某一部分码串。每条染色体上的已编码数字以相同的概率发生变异。对于二进制编码，数字 0 变异为 1，数字 1 变异为 0。

选择操作、交叉操作和变异操作都可以更新运动特征染色体，进而推动整个种群的更新。对生成的新种群计算距离、进行目标样本分类、计算运动特征的有效率，循环迭代，直至达到设置的最大迭代次数，最终以最后一次寻找到的目标运动特征作为有效运动特征，并将其输出。

3.4　预警目标有效运动特征智能提取算法试验验证

预警目标有效运动特征提取是指在预处理的基础上，对综合航迹数据进行降维并提取出能够对目标有效识别判性的运动特征。为了验证本章针对目标有效运动特征提出的基于 GA-KNN 智能提取算法的有效性，本节以某部历史积累真实空情数据为输入进行试验，包括 10 种不同机型目标的综合航迹数据。

3.4.1 验证环境准备

基于 GA-*K*NN 的目标有效运动特征提取算法的验证环境如下。

（1）硬件环境：Intel Core i7-4790 处理器（基准频率为 3.60GHz）、16GB 内存的联想台式计算机。

（2）软件环境：Windows 7 64 位操作系统、Python 3.7 编程环境、JetBrains PyCharm Community Edition 2019.2.2 x64。

3.4.2 验证数据准备

为了验证 GA-*K*NN 算法，先对某部雷达探测到的 10 种不同机型目标的综合航迹数据进行缺失值、重复值、异常值的清洗，并对清洗后的数据进行一致化处理，得到 500 条综合航迹数据（10 种机型目标，每种目标各 50 条数据）。其中，每条综合航迹数据由上千个航迹点组成，每个航迹点包含 29 个参数，即综合航迹数据的维数是 29。

从 10 种机型目标中各随机抽取一条综合航迹数据，以箱线图的方式展示清洗后的综合航迹数据中的高度和速度的分布情况，如图 3.7 所示。在箱线图中，矩形外的上下短横线分别表示上下边缘值；矩形的上下两边分别表示上下四分位数；矩形内的横线表示中位数；上下边缘值外的圆点虽然偏离主体分布区域，但是能够反映目标的运动特征（如极值）。

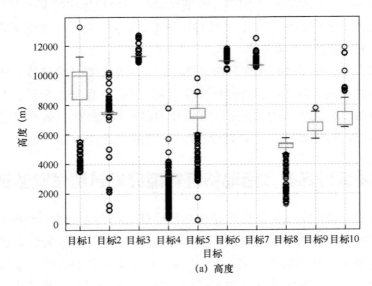

(a) 高度

图 3.7 综合航迹数据中高度和速度的分布

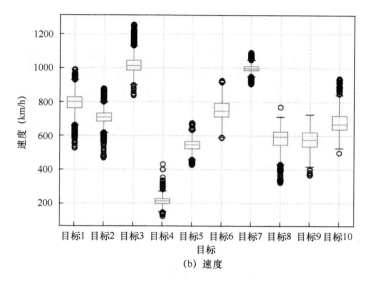

（b）速度

图 3.7　综合航迹数据中高度和速度的分布（续）

从图 3.7 中可以发现，目标 3、目标 6 和目标 7 的高度分布情况大致相同；目标 2、目标 5、目标 9 和目标 10 的高度均值大致相同，但是极值、离散程度各不相同；目标 8 和目标 9 的速度分布情况大致相同；目标 2 和目标 10 的速度均值大致相同，但是目标 10 的速度分布更集中。虽然图 3.7 中仅展示了少量综合航迹数据，但是对 500 条综合航迹数据样本分析后可以发现，一个或少数几个运动特征无法完全区分不同的目标。因此，为了保证情报的可靠性，我们需要提取出有效性较高的目标运动特征。

3.4.3　GA-*KNN* 算法验证

为了剔除综合航迹数据中不能明显表征目标运动特征的信息，对综合航迹数据进行第一次降维处理。对综合航迹数据的不同参数进行聚合和转换，保留能够明显表征目标运动特征的信息，将综合航迹数据从 29 维降到 14 维。14 个目标运动特征包括加速度最大值、加速度最小值、速度最大值、速度最小值、速度均值、速度众数、速度中位数、速度标准差、高度最大值、高度最小值、高度均值、高度众数、高度中位数和高度标准差。其中，目标的加速度信息通过综合航迹数据中的速度和情报点时间得到。在 500 条综合航迹数据中，对每个目标随机抽取一条数据，加速度分布如图 3.8 所示。从图 3.8 中可以发现，10 个目标的加速度均值几乎一样，但是极值和离散程度各有不同，而且加速度可以反映目标自身的机动性能，因此加速度仍然具有较强的可区分性。

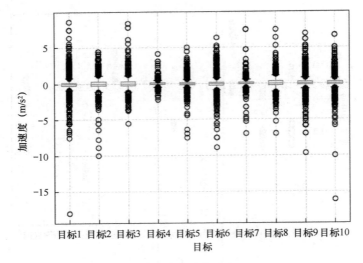

图 3.8　加速度分布

　　为了进一步提取出具有更高有效性的目标运动特征，需要对数据继续降维。基于上述特征数据，采用基于 GA-KNN 的目标有效运动特征提取算法，设置超参数种群个体数量为 20 个，交配概率为 0.6，变异概率为 0.01。经过 300 次迭代，对 10 种目标的 500 个样本提取目标有效运动特征，特征的有效性收敛于 95.35%，提取特征有效性迭代图如图 3.9 所示。

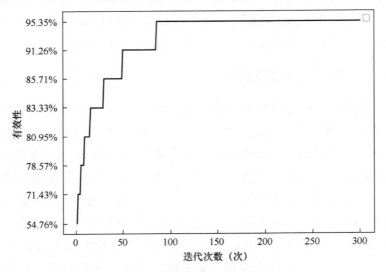

图 3.9　提取特征有效性迭代图

　　最终，从 10 种目标共 500 个样本中提取出加速度最大值、加速度最小值、速度最大值、高度最大值、高度中位数共 5 个最能体现目标自身特性的运动特征，作为这 10 种目标的有效运动特征。其分布区间如表 3.1 所示。

表 3.1　有效运动特征分布区间

目标	加速最大值（m/s²）	加速度最小值（m/s²）	速度最大值（m/s）	高度最大值（m）	高度中位数（m）
目标 1	[8.42, 8.82]	[7.93, 8.32]	[940, 1023]	[12802, 13797]	[9811, 10983]
目标 2	[8.90, 11.00]	[4.21, 4.60]	[840, 892]	[7500, 8002]	[7110, 7716]
目标 3	[8.01, 8.55]	[5.30, 5.67]	[1054, 1397]	[10027, 12769]	[10030, 12772]
目标 4	[3.99, 4.31]	[1.98, 2.42]	[250, 312]	[2982, 3447]	[2987, 3447]
目标 5	[6.50, 8.00]	[3.30, 6.30]	[650, 695]	[9503, 10099]	[7603, 7915]
目标 6	[6.16, 6.53]	[8.66, 9.01]	[905, 943]	[10590, 12458]	[10801, 11997]
目标 7	[7.00, 8.00]	[6.50, 7.42]	[982, 1157]	[12002, 12993]	[10501, 10895]
目标 8	[7.00, 7.90]	[6.41, 7.25]	[741, 790]	[5520, 5959]	[5252, 5380]
目标 9	[6.50, 7.31]	[9.42, 10.23]	[680, 750]	[7621, 7996]	[6610, 6948]
目标 10	[6.43, 6.78]	[15.75, 16.85]	[921, 953]	[11133, 12353]	[6500, 6698]

3.5　本章小结

本章针对传统预警目标运动特征提取方法简单、效率低下的问题，提出一种基于 GA-KNN 的目标有效运动特征智能提取算法。该算法首先基于综合航迹数据提取预警目标的运动特征，然后采用聚合和转换的方法，先分域再全域提取出 14 个运动特征，这是对数据的第一次降维。在此基础上，运用 GA-KNN 对数据进行特征的降维提取，实现对数据的第二次降维，最终提取出加速度最大值、加速度最小值、速度最大值、高度最大值和高度中位数共 5 个有效性高的运动特征，为下一步的目标识别判性提供可靠的依据。

第4章

预警目标雷达散射截面积特征智能提取算法

雷达散射截面积（Radar Cross Section，RCS）能够衡量目标散射雷达电磁波的能力，是表征目标自身特性的重要参数。传统的预警目标 RCS 检测方法程序复杂、试验成本高，难以满足特征提取要求。预警目标航迹数据中蕴含 RCS 特征信息。我们可以利用雷达方程，基于预警目标的原始航迹数据，在不考虑环境因素的条件下（因为环境对目标的影响已经蕴含在原始航迹数据中），通过距离与目标 RCS 之间的映射关系来提取雷达目标的 RCS 特征。这对目标识别判性、雷达检飞等具有现实意义。

考虑到长短期记忆（Long Short Time Memory，LSTM）算法的超参数较多，本章引入粒子群优化（Particle Swarm Optimization，PSO）算法对其进行改进。针对 PSO 算法容易陷入局部最优解的缺点，本章对 PSO 算法中的惯性权重和粒子更新方法进行了改进，提出一种基于动态变异粒子群优化-长短期记忆（Dynamic Mutation Particle Swarm Optimization-Long Short Time Memory，DMPSO-LSTM）算法的预警目标 RCS 特征智能提取算法。

4.1 预警目标 RCS 特征智能提取概述

RCS 是影响雷达探测能力的重要因素之一。因此，提取 RCS 特征对于目标的识别判性具有重要的意义。本节首先对预警目标 RCS 特征概念进行介绍，其次总结常用的预警目标 RCS 特征提取流程，最后结合人工智能技术提出预警目标 RCS 特征提取方法。

4.1.1　预警目标 RCS 特征概念

RCS 是一种用于度量目标在雷达辐射下产生的回波强度的物理量,可以表示为目标对照射电磁波的散射能力。RCS 不同于目标自身的物理面积,它用一个各向均匀的等效反射器的投影面积来表示,该等效反射器与被定义的目标在接收方向单位立体角内具有相同的回波功率。RCS 与诸多因素相关,如目标自身的大小、材料、外形,以及雷达信号的频率、极化方式、入射角等。因此,每个目标的 RCS 并不是一个确定的数值,不同的雷达、不同的入射角对应不同的 RCS。一般来说,平面目标的 RCS 较大,采用复杂外形、吸波涂层或非金属材料等雷达隐身技术可以有效降低目标的 RCS。

雷达方程描述了包括目标 RCS 在内的相关参数与雷达探测目标距离之间的关系。雷达探测目标距离主要与雷达系统、目标本身和探测环境有关,而雷达方程可以将目标、环境及雷达的天线、发射机、接收机等作用单元之间的密切联系定性化、定量化。

假设电磁波向四周均匀辐射,雷达的发射天线和接收天线共用,雷达发射天线的功率为 P_t,发射天线与接收天线的增益均为 G,雷达发射电磁波的波长为 λ,目标的雷达散射截面积为 σ。目标在距离雷达 R 处截获部分雷达辐射能量,并将这些能量重新辐射到不同的方向,则被雷达接收机截获的目标辐射能量的功率,即接收功率 P_r 为

$$P_r = \frac{P_t G^2 \sigma \lambda^2}{(4\pi)^3 R^4} \tag{4.1}$$

综上所述,雷达方程提供了分析目标 RCS 与雷达探测能力和目标战斗效能之间的关系的依据,具有重要的情报分析价值。

4.1.2　预警目标 RCS 特征提取流程

雷达能发现源于目标散射体的二次散射功率形成的回波信号。雷达系统噪声、环境噪声的随机性影响加上目标运动造成的雷达电磁波入射角的变化,使得我们很难得到一个精确的 RCS 测量结果,因此 RCS 并不是一个可以精确测量的物理量,而是一个数学统计量。特别是一次 RCS 测量的结果只能反映目标回波瞬态的强弱,无法说明目标的基本电磁特性,通常需要积累一段时间,再将接收的回波与已知 RCS 的标准反射体回波进行比较来获得目标 RCS 序列。对于外形类似的不同目标,RCS 的均值反映目标大小和材质的不同;RCS 的方差反映目标姿态变化对 RCS 测量结果的影响程度;

RCS 的各阶中心距，如偏度、峰度等统计特征包含了目标 RCS 变化的局部或全局信息；RCS 的概率分布反映目标的外形特点。

对多帧雷达回波数据进行预处理并提取目标 RCS 序列，对 RCS 序列进行统计分析，并将均值、方差、偏度、峰度 4 个参数作为目标 RCS 特征参数集，同时绘制目标 RCS 序列直方图、概率密度函数（PDF）图、累积概率分布（CPD）图作为目标 RCS 特征图像集，最后按照雷达与目标先验信息进行分类存储，充实目标特征库。雷达目标 RCS 特征提取的具体步骤如图 4.1 所示。

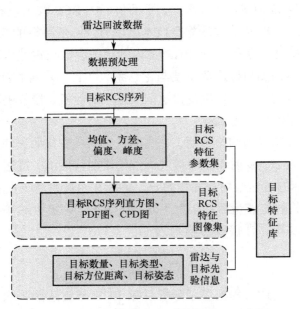

图 4.1　雷达目标 RCS 特征提取的具体步骤

4.1.3　预警目标 RCS 特征提取方法

从雷达方程中可以发现，目标的 RCS 是影响雷达探测能力的重要因素之一。因此，基于雷达探测得到的目标原始航迹数据及部分 RCS 数据，利用雷达方程可以得到在特定情况下的其他相关参数，在此基础上再结合其他目标的原始航迹数据就可以得到在相同情况下其他目标的 RCS。

由于 RCS 不仅受目标自身的外形、材质、大小等因素及气候条件的影响，而且与雷达的波段、极化方式等有关，所以在预警情报分析中，假定单部雷达的发射功率、雷达波段、极化方式等都不变。因此，在根据原始航迹数据计算目标 RCS 时，只需要考虑目标自身因素及气候条件。

综上所述，本章可基于不同目标的原始航迹数据及其中某一目标的 RCS，利用雷达方程，计算得到在相同情况下其他目标的 RCS。为了有效地提取 RCS 特征，我们可以利用人工智能技术中的回归算法得到完整的 RCS 序列。常见的智能回归算法有线性回归、局部加权回归、Logistic 回归、K 近邻回归和支持向量机回归等。其中，线性回归受数据误差影响较大；局部加权回归容易出现明显的过拟合，同时容易忽略全局数据，当预测点在出现偏差的训练数据附近时，预测值的误差会很大；Logistic 回归容易欠拟合，准确度不高；K 近邻回归既对数据的局部结构比较敏感，又对 K 值敏感，并且容易发生维数灾难，邻近距离可能被无关属性主导；支持向量机回归对于大规模训练数据效果较差。

LSTM 算法可以在输入和输出序列的映射过程中利用前后信息，并且能够有效避免梯度爆炸和梯度消失问题。本章提出的基于 DMPSO-LSTM 算法的 RCS 特征提取流程如图 4.2 所示。

图 4.2 基于 DMPSO-LSTM 算法的 RCS 特征提取流程

在图 4.2 中，首先根据 RCS 仿真软件得到某目标的部分 RCS 序列，然后通过 DMPSO-LSTM 模型得到其完整 RCS 序列，最后结合原始航迹数据得到其他目标的 RCS 特征。

4.2 基于雷达方程的预警目标 RCS 特征提取

雷达方程是计算雷达探测能力的重要公式，RCS 是其中的重要参数。本节将探讨有效航迹点选取方法，以及雷达方程与 RCS 之间的关系。

4.2.1 选取有效航迹点

预警目标的原始航迹作为一种包含多种运动属性的数据，其中的距离信息是提取 RCS 特征的重要来源。基于雷达方程提取预警目标 RCS 特征必须采用目标的最大发现距离，因此需要选出目标原始航迹中的有效航迹点。在原始航迹中，目标的首发点和消失点均可以作为有效航迹点的备选。

由于各种因素的干扰，原始航迹中会存在数据离群、不一致等异常情况，将导致目标的首发点和消失点对应的距离数据存在异常。这些异常的航迹数据会使 RCS 特征提取出现偏差，降低预警情报分析的质量。因此，清洗目标原始航迹中的异常数据也是选取有效航迹点的重要工作，可以提高目标原始航迹数据的质量。

异常数据的清洗方法主要有聚类、回归等。聚类方法首先将数据划分为若干簇，然后将每个簇中的异常值用该簇的中心值进行替换；回归方法首先将数据进行拟合，然后用拟合值代替异常值。这些方法在处理数据量巨大的原始航迹时会加大运算量。本章在对异常数据处理时结合了对缺失数据和重复数据清洗的方法，具体步骤如下。

步骤 1：从目标的所有原始航迹中选择首发点和消失点。

步骤 2：按照距离对所有首发点和消失点进行降序排列。

步骤 3：去除前 5%的数据，以消除异常因素对探测距离的影响。

步骤 4：将剩余的首发点和消失点对应的距离最大值作为最大探测距离。

4.2.2　计算预警目标 RCS 值

RCS 值与诸多因素相关，并且在不同探测角度下存在显著差异。本章以预警目标的姿态角为自变量，计算某个预警目标在某传感器下的 RCS 值。结合式（4.1），可以得到雷达方程的一般公式。

$$R_{\max} = \left[\frac{P_t G^2 \lambda^2 \sigma}{(4\pi)^3 k T_0 B_n F_n (S/N)_{\min} L} \right]^{1/4} \tag{4.2}$$

式中，$R_{\max}$ 为最大探测距离；P_t 为雷达发射天线的功率；G 为发射天线与接收天线的增益；λ 为雷达发射电磁波的波长；σ 为目标的雷达散射截面积；k 为玻尔兹曼常数；T_0 为标准室温；B_n 为噪声带宽；F_n 为噪声系数；$(S/N)_{\min}$ 为最小信噪比；L 为损耗因子。

由式（4.2）可知，同一部雷达在相同的工作条件、环境条件下探测不同目标时，仅 σ 和 $R_{\max}$ 不同，其他参数均相同。因此，当信噪比相同时，有

$$\sigma_2 = \sigma_1 \left(\frac{R_2}{R_1} \right)^4 \tag{4.3}$$

由式（4.3）可知，根据目标原始航迹中的有效航迹点及其对应的 RCS 值，再结合另一个目标的最大探测距离，可以计算出另一个目标的 RCS 值。

4.3　基于 DMPSO-LSTM 的预警目标 RCS 特征智能提取

通过软件仿真可以得到目标的 RCS 序列，但是对于大型仿真软件而言，受计算机算力等因素的影响，仿真时间较长。为了更快速地得到完整的 RCS 序列，本节提出 DMPSO-LSTM 智能模型，将仿真得到的部分 RCS 序列输入模型，最终可获取完整的 RCS 序列。

4.3.1　基于 LSTM 的预警目标 RCS 特征提取模型

LSTM 是 RNN（循环神经网络）的一种特殊形式，可以解决在 RNN 训练中出现的梯度爆炸和梯度消失问题。因此，在处理 RCS 长序列数据时，LSTM 更具优势。它的重复单元中有 4 个网络层，如图 4.3 所示。

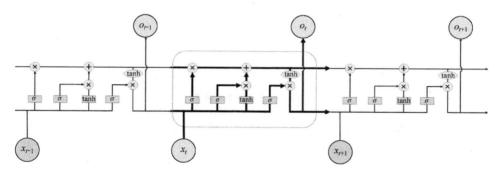

图 4.3　LSTM 结构示意图

图 4.3 中的矩形框表示激活函数操作，圆和椭圆表示点操作，单箭头表示输入的原始航迹数据流向，汇流箭头表示连接操作，分流箭头表示复制操作。

细胞状态是 LSTM 的核心，即图 4.4 中最上方带箭头的横线。细胞状态可以看作输入 RCS 信息的传送带，保证信息流穿过整个网络。

细胞状态 c_t 通过一种被称为门的结构控制 RCS 信息的保留或舍弃。如图 4.5 所示，门由 Sigmoid 层和点乘操作构成。其中，σ 表示 Sigmoid 层，其输出值属于[0,1]，表示 RCS 信息可以通过 Sigmoid 层的比例，0 表示所有 RCS 信息都不能通过，1 表示所有 RCS 信息都可以通过。

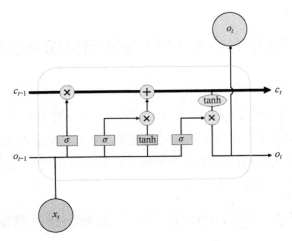

图 4.4　LSTM 细胞状态示意图

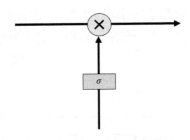

图 4.5　门结构示意图

　　LSTM 中包含遗忘门、输入门和输出门三种类型的门结构。它们共同控制 RCS 信息在网络中的流动。

　　1. 遗忘门

　　遗忘门用于决定细胞状态需要将哪些 RCS 信息舍弃，也决定上一时刻的细胞状态有多少能够保留到当前时刻,具体结构及工作流程如图 4.6 所示。将 o_{t-1} 和 x_t 一起输入 Sigmoid 层，然后输出一个属于[0, 1]的数值，该数值表示细胞状态 c_{t-1} 有多少 RCS 信息被舍弃，表达式为

$$f_t = \sigma(W_{\mathrm{f}} \cdot [o_{t-1}, x_t] + b_{\mathrm{f}}) \tag{4.4}$$

式中，f_t 为遗忘门的输出；σ 为 Sigmoid 函数；W_{f} 为遗忘门的权重；o_{t-1} 为上个神经元的输出；x_t 为当前神经元的输入；b_{f} 为遗忘门的偏置。

　　2. 输入门

　　输入门决定了当前时刻的输出有多少能够保留在细胞状态中,具体结构及工作流程如图 4.7 所示。将 o_{t-1} 和 x_t 一起输入 Sigmoid 层，决定更新哪些

RCS 信息，表达式为

$$i_t = \sigma(W_i \cdot [o_{t-1}, x_t] + b_i) \qquad (4.5)$$

式中，i_t 为经过 Sigmiod 层的输出；σ 为 Sigmoid 函数；W_i 为输入层的权重；o_{t-1} 为上个神经元的输出；x_t 为当前神经元的输入；b_i 为输入层的偏置。

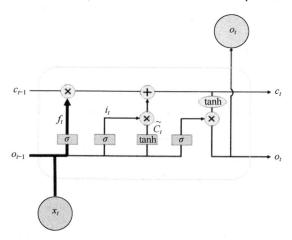

图 4.6　遗忘门结构及工作流程

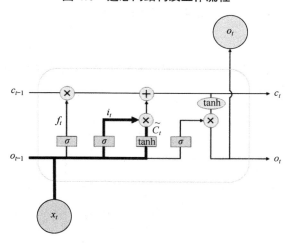

图 4.7　输入门结构及工作流程

o_{t-1} 和 x_t 再一起经过 tanh 层得到新的候选细胞状态 $\tilde{C}_t$，这些 RCS 信息可能被更新到细胞状态中，表达式为

$$\tilde{C}_t = \tanh(W_c \cdot [o_{t-1}, x_t] + b_c) \qquad (4.6)$$

式中，tanh 为 tanh 函数；W_c 为细胞激活层的权重；o_{t-1} 为上个神经元的输出；x_t 为当前神经元的输入；b_c 为细胞激活层的偏置。

更新细胞状态 c_t 如图 4.8 所示。该过程利用遗忘门有选择性地舍弃旧细胞状态中的一部分 RCS 信息，再利用输入门选择添加候选细胞状态$\tilde{C}_t$的一部分信息，从而得到新的细胞状态c_t，表达式为

$$c_t = f_t \cdot c_{t-1} + i_t \cdot \tilde{C}_t \tag{4.7}$$

式中，f_t是遗忘门的输出；c_{t-1}是上一时刻的细胞状态；i_t是输出门的输出；$\tilde{C}_t$是当前时刻的候选细胞状态。

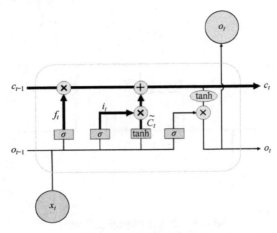

图 4.8 更新细胞状态

3. 输出门

输出门用于决定当前细胞状态中的哪些 RCS 信息会被输出，具体结构及工作流程如图 4.9 所示。

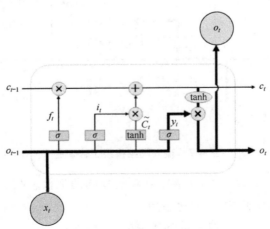

图 4.9 输出门结构及工作流程

在该操作中，细胞状态经过一个 Sigmoid 层得到判断条件，然后经过 tanh 层得到一个属于[−1, 1]的量，表达式如式（4.8）所示，最后 Sigmoid

层的结果和 tanh 层的结果进行点乘运算，得到该神经元细胞的输出 o_t，式（4.9）是其计算表达式。

$$y_t = \sigma(W_y \cdot [o_{t-1}, x_t] + b_y) \tag{4.8}$$

式中，σ 是 Sigmoid 函数；W_y 是输出门的权重；o_{t-1} 是上个神经元的输出；x_t 是当前神经元的输入；b_y 是输出门的偏置。

$$o_t = y_t \cdot \tanh(c_t) \tag{4.9}$$

式中，o_t 是当前神经元的输出；tanh 是 tanh 函数；c_t 是当前时刻的细胞状态。

LSTM 通过遗忘门、输入门和输出门控制 RCS 信息的流动，可以保证重要的信息在网络中不断传输，而舍弃不重要的信息。因此，LSTM 更适合 RCS 长序列数据的处理。但是，标准的 LSTM 算法中存在诸多超参数，如各隐藏层的神经元个数、学习率等，如果按照个人经验赋值，则会大大降低模型训练效率。因此，本章对 LSTM 算法进行了改进，引入智能优化算法，通过迭代得到超参数的最优值。

4.3.2　基于 DMPSO 的参数优化算法

PSO 算法是一种模拟鸟群觅食群体行为，获得全局最优解的智能优化算法。首先初始化一群随机粒子，然后计算每个粒子的适应度，并以此判断是否寻找到最优解。根据自身寻找的个体极值和种群寻找的全局极值，粒子不断更新。粒子根据速度调整寻优的步长和方向，并且该速度会随着极值的变化而改变。DMPSO 算法可以对 LSTM 模型中的超参数进行优化，在训练模型的过程中不断寻找最优参数，提高 LSTM 模型的特征提取精度。标准 PSO 算法流程如图 4.10 所示。

PSO 算法用粒子的位置来表示自变量。假设有 d 个自变量，即 d 维空间，则第 i 个粒子的速度 $\boldsymbol{v}_i$ 和位置 $\boldsymbol{x}_i$ 向量分别为

$$\begin{cases} \boldsymbol{v}_i = [v_{i1}, v_{i2}, \cdots, v_{id}] \\ \boldsymbol{x}_i = [x_{i1}, x_{i2}, \cdots, x_{id}] \end{cases} \tag{4.10}$$

粒子的速度由其惯性、个体极值和全局极值所决定，粒子更新示意图如图 4.11 所示。粒子 i 在第 $k+1$ 次迭代时速度向量的第 d 维分量为

$$v_{id}^{k+1} = \omega \cdot v_{id}^k + c_1 r_1 (p_{id}^k - x_{id}^k) + c_2 r_2 (p_{gd}^k - x_{id}^k) \tag{4.11}$$

式中，v_{id}^k 为第 i 个粒子在第 k 次迭代时速度向量的第 d 维分量；ω 为惯性权重，表示保持原来速度的能力；c_1、c_2 为学习因子，用于控制学习的步长，

c_1是粒子个体极值的权重系数，c_2是全局极值的权重系数；r_1、r_2为[0,1]内的随机数，用于加强粒子搜索的随机性；p_{id}^k为第k次迭代时粒子i在第d维的历史个体极值；p_{gd}^k为第k次迭代时所有粒子在第d维的历史全局极值；x_{id}^k为第i个粒子在第k次迭代时位置向量的第d维分量。

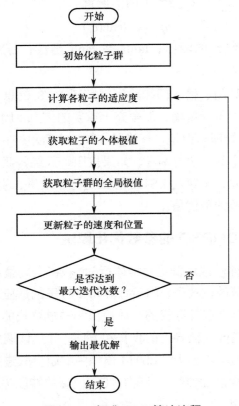

图 4.10　标准 PSO 算法流程

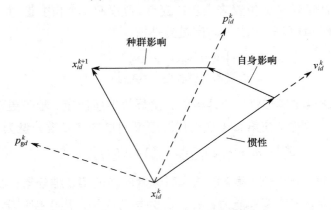

图 4.11　粒子更新示意图

粒子 i 在第 $k+1$ 次迭代时位置向量的第 d 维分量为

$$x_{id}^{k+1} = x_{id}^k + v_{id}^{k+1} \tag{4.12}$$

式中，x_{id}^k 是粒子 i 在第 k 次迭代时位置向量的第 d 维分量；v_{id}^{k+1} 是第 i 个粒子在第 $k+1$ 次迭代时速度向量的第 d 维分量。

考虑到 PSO 算法寻优可能陷入局部最优解，并且收敛速度较慢，本章对 PSO 算法中的惯性权重 ω 和粒子更新方式做出改进，提出一种基于非线性动态惯性权重和自适应变异的 PSO 算法。

1. 改进惯性权重

在标准的 PSO 算法中惯性权重 ω 是一个超参数，需要在模型中提前设置数值。但是，在实际运算过程中，如果 ω 一直不变，则不仅会降低算法的收敛速度，还会使结果陷入局部最优解。本章针对惯性权重 ω 进行改进，只需要对其设置最大值 $\omega_{\max}$ 和最小值 $\omega_{\min}$，每次迭代的具体取值由式（4.13）确定，即

$$\omega = \omega_{\max} - \frac{\omega_{\max} - \omega_{\min}}{1 + \mathrm{e}^{\frac{-k}{k_{\max}}}} \tag{4.13}$$

式中，$k_{\max}$ 为最大迭代次数；k 为当前迭代次数。

从式（4.13）中可以发现，随着不断迭代，惯性权重 ω 的取值会由大变小。因此，在前期搜索过程中，粒子的搜索步长较大，而随着逐渐逼近全局最优解，粒子的搜索步长变小，以此增强寻优能力。

2. 变异操作

为了进一步避免陷入局部最优解，引入 GA 中的变异操作，使种群能够自适应地变异。自适应变异概率 p_{v} 要满足以下条件：

$$p_{\mathrm{v}} > \frac{1}{2}\left(1 + \frac{t}{t_{\max}}\right) \tag{4.14}$$

式中，t 是当前迭代次数；$t_{\max}$ 是最大迭代次数。

当式（4.14）成立时，粒子发生自适应变异，具体操作是粒子代表的参数在一定取值范围内随机变异为新的数值。从式（4.14）中可以发现，随着不断迭代，种群变异的概率变小，以此降低陷入局部最优解的可能性。

4.3.3　基于 DMPSO-LSTM 的预警目标 RCS 特征提取

本章需要获取目标的完整 RCS 序列并提取特征。在搭建 LSTM 模型时引入两个隐藏层，设第一个隐藏层有 m_1 个神经元，第二个隐藏层有 m_2 个神

经元，LSTM 模型的学习率为 ε，迭代次数为 n。结合改进的 DMPSO 算法优化 LSTM 模型中的上述 4 个超参数，构建 DMPSO-LSTM 预警目标 RCS 特征智能提取模型。

预测目标的 RCS 序列并提取其特征，需要对 RCS 的预测值进行评价。本章通过 R^2（决定系数）比较 LSTM、PSO-LSTM 和 DMPSO-LSTM 三种算法预测 RCS 并提取其特征的性能。R^2 的值越大，预测模型的效果越好。当 $R^2 = 1$ 时，表明模型无错误；当 $R^2 = 0$ 时，表明模型效果极差。假设共有 n 个 RCS 预测值，第 i 个 RCS 序列的预测值为 $\hat{y}_i$，原始计算值为 y_i，原始计算值的均值为 $\overline{y}_i$，则 R^2 的计算公式为

$$R^2 = 1 - \frac{\sum_{i=1}^{n}(\hat{y}_i - y_i)^2}{\sum_{i=1}^{n}(\overline{y}_i - y_i)^2} \qquad (4.15)$$

DMPSO-LSTM 模型的具体算法步骤如下，流程图如图 4.12 所示。

步骤 1：构建 LSTM 模型，包含 1 个输入层、2 个隐藏层、1 个输出层。

步骤 2：设置 DMPSO 算法的最大迭代次数和种群规模，以及 LSTM 隐藏层神经元个数和学习率的取值范围。

步骤 3：初始化种群，设置每个粒子包含 4 个维度，分别代表 LSTM 模型的第一个隐藏层的神经元个数 m_1、第二个隐藏层的神经元个数 m_2、学习率 ε、迭代次数 n。

步骤 4：对原始航迹数据和计算得到的 RCS 序列进行归一化处理，并对应每个时刻的 RCS 与航迹点迹数据。

步骤 5：将数据分为训练集和测试集。把训练集数据输入搭建好的 LSTM 模型中，开始训练模型。

步骤 6：计算每个粒子的适应度。定义适应度函数为

$$\text{fit}_i = \frac{1}{2}\left(J\sum_{j=1}^{J}\frac{\hat{y}_t^j - y_t^j}{y_t^j} + Q\sum_{q=1}^{Q}\frac{\hat{y}_v^q - y_v^q}{y_v^q} \right) \qquad (4.16)$$

式中，$\hat{y}_t^j$、y_t^j 分别为训练样本的输出值和原始计算值；$\hat{y}_v^q$、y_v^q 分别为验证样本的输出值和原始计算值；J 为训练样本的个数；Q 为验证样本的个数。

步骤 7：根据每个粒子的适应度更新粒子自身的个体极值，以及种群的全局极值。

步骤 8：根据个体极值和全局极值更新粒子的速度和位置。

步骤 9：根据式（4.13）更新惯性权重。

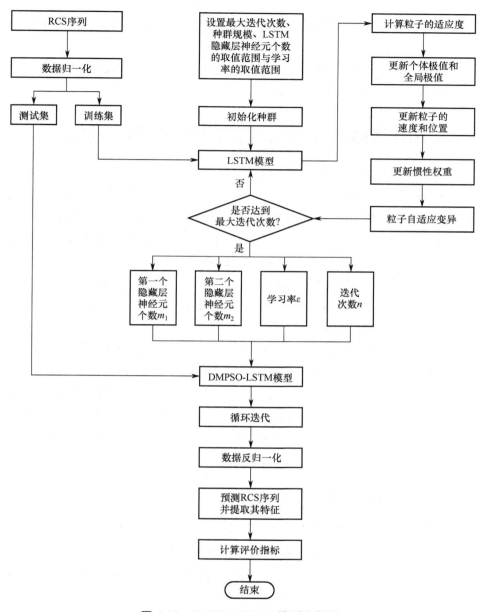

图 4.12　DMPSO-LSTM 模型流程图

步骤 10：根据式（4.14）对粒子进行自适应变异。

步骤 11：判断是否达到 DMPSO 算法的最大迭代次数。若未完成迭代，则继续循环步骤 6～步骤 10；若已达到最大迭代次数，则继续下一步。

步骤 12：根据 DMPSO 模型的循环迭代寻找到 LSTM 模型 4 个参数的最优值。

步骤 13：将测试集输入完成训练的 DMPSO-LSTM 模型，根据 LSTM 的迭代次数 *n* 进行循环。

步骤 14：将数据反归一化，输出 RCS 的预测序列并提取其特征。

步骤 15：计算模型的评价指标。

4.4　预警目标 RCS 特征智能提取算法试验验证

RCS 特征提取基于目标的原始航迹数据，根据雷达方程中 RCS 与距离的关系，在已知某目标的最大探测距离和对应 RCS 的情况下，可以得到其他目标的 RCS 特征。为了验证 DMPSO-LSTM 算法提取 RCS 特征的有效性，仿真使用某部雷达探测到的目标原始航迹数据，以及软件仿真得到的目标 RCS 序列，将这些数据分为训练集和测试集。

预警目标 RCS 特征智能提取算法试验验证的软硬件环境如下。

（1）硬件环境：Intel Core i7-4790 处理器（基准频率为 3.60GHz）、16GB 内存的联想台式计算机。

（2）软件环境：Windows 7 64 位操作系统、Python 3.7 编程环境、JetBrains PyCharm Community Edition 2019.2.2 x64、TensorFlow1.14（CPU 版本）。

经过数据准备，可以将通过软件仿真得到的目标甲 RCS 数据输入模型中。LSTM 模块设定 4 个输入神经元和 1 个输出神经元、2 个隐藏层，并且每个隐藏层中的神经元个数由 DMPSO 算法优化。引入 ReLU 函数作为神经网络的激活函数，优化器选用 Adam。

4.4.1　LSTM 算法验证

本节利用标准的 LSTM 算法获取完整的 RCS 序列。设置 Epoch（轮次）为 10、Batch Size（批量大小）为 16、学习率为 0.01、两个隐藏层的神经元个数均为 100 个。如图 4.13 所示，随着 Epoch 的增长，训练集的损失值收敛于 0.0037，测试集的损失值收敛于 0.0051，可以发现测试集的损失值略高于训练集，说明 LSTM 算法的性能较差。

4.4.2　PSO-LSTM 算法验证

本节利用 PSO-LSTM 算法获取完整的 RCS 序列。设置种群规模为 5 个，迭代次数为 1000 次，惯性权重为 0.8，粒子跟踪历史个体极值的权重系数 c_1 为 1.5，粒子跟踪历史全局极值的权重系数 c_2 为 1.5，随机数 r_1 为 0.8，随机

数 r_2 为 0.3。另外，设置 LSTM 的学习率取值范围为[0.001, 0.01]，两个隐藏层的神经元个数的取值均为[1, 200]内的整数。

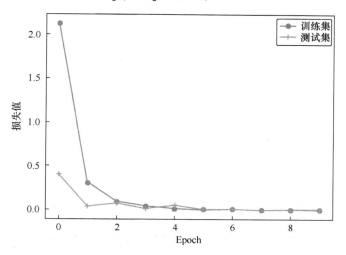

图 4.13　LSTM 算法损失值变化情况

图 4.14（a）和图 4.14（b）分别是 PSO-LSTM 算法第一个和第二个隐藏层的神经元个数随 PSO 迭代次数变化的情况。随着不断迭代，第一个隐藏层的神经元个数收敛于 66 个，第二个隐藏层的神经元个数收敛于 19 个。图 4.14（a）中神经元个数跳变的原因是，在前期更新粒子时，会在设置范围内生成随机数作为 LSTM 模型 4 个参数的值。随着粒子逐渐逼近最优值，4 个参数的数值变化情况也逐渐稳定。

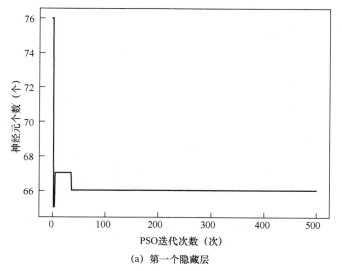

（a）第一个隐藏层

图 4.14　PSO-LSTM 算法中各隐藏层神经元个数优化情况

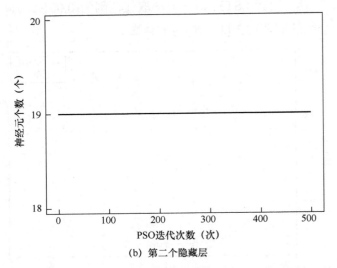

（b）第二个隐藏层

图 4.14　PSO-LSTM 算法中各隐藏层神经元个数优化情况（续）

随着 PSO 的迭代，LSTM 迭代次数的优化情况如图 4.15 所示，最终收敛于 231 次。LSTM 学习率的优化情况如图 4.16 所示，最终收敛于 0.0015。

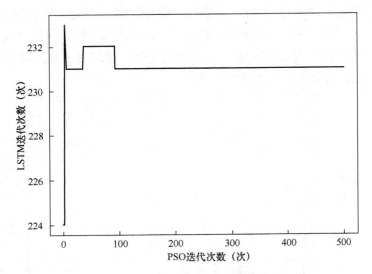

图 4.15　LSTM 迭代次数的优化情况（PSO）

PSO 适应度变化情况如图 4.17 所示。随着自身的不断迭代优化，其适应度逐渐降低，收敛于 0.0036。

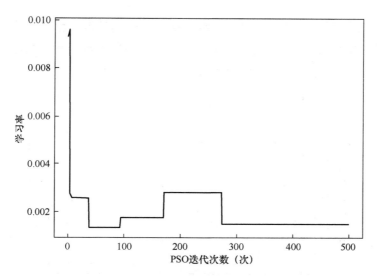

图 4.16　LSTM 学习率的优化情况（PSO）

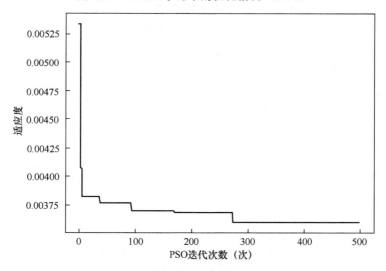

图 4.17　PSO 适应度变化情况

4.4.3　DMPSO-LSTM 算法验证

本节利用 DMPSO-LSTM 算法获取完整的 RCS 序列。设置种群规模为 5 个，迭代次数为 1000 次，粒子跟踪历史个体极值的权重系数 c_1 为 1.5，粒子跟踪历史全局极值的权重系数 c_2 为 1.5，随机数 r_1 为 0.8，随机数 r_2 为 0.3。另外，设置 LSTM 学习率取值范围为 $[0.001, 0.01]$，两个隐藏层的神经元个数的取值均为 $[1, 200]$ 内的整数，惯性权重的取值范围为 $[0.6, 0.8]$。

图 4.18（a）和图 4.18（b）分别是 DMPSO-LSTM 算法中第一个和第二

个隐藏层的神经元个数随 DMPSO 迭代次数变化的情况。随着不断迭代，第一个隐藏层的神经元个数收敛于 17，第二个隐藏层的神经元个数收敛于 85。

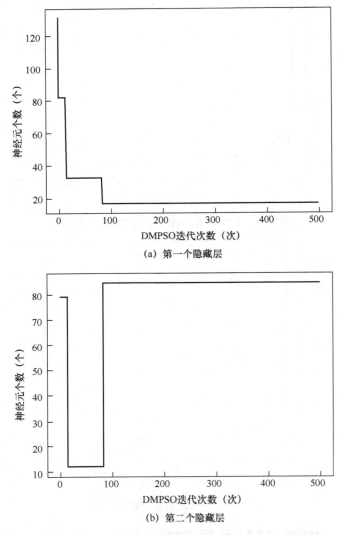

(a) 第一个隐藏层

(b) 第二个隐藏层

图 4.18　DMPSO-LSTM 算法中各隐藏层神经元个数变化情况

随着 DMPSO 的迭代，LSTM 迭代次数的优化情况如图 4.19 所示，最终收敛于 120 次。LSTM 学习率的优化情况如图 4.20 所示，最终收敛于 0.0015。

DMPSO 适应度变化情况如图 4.21 所示。随着自身的不断迭代优化，其适应度降低，收敛于 0.0036。

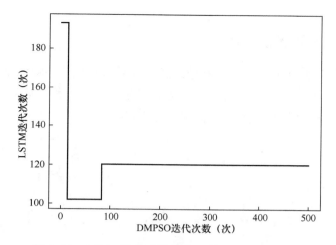

图 4.19　LSTM 迭代次数的优化情况（DMPSO）

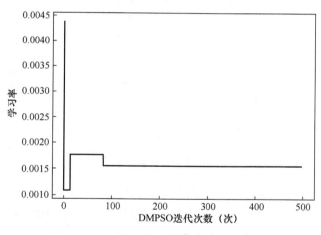

图 4.20　LSTM 学习率的优化情况（DMPSO）

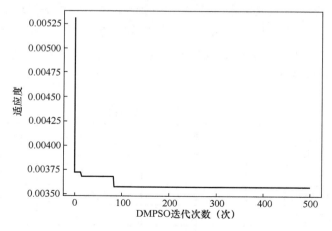

图 4.21　DMPSO 适应度变化情况

4.4.4　三种算法对比

本章以标准 LSTM 算法为基础，通过对其改进得到 PSO-LSTM 算法和 DMPSO-LSTM 算法。三种算法的 RCS 预测序列与原始计算序列的对比如图 4.22 所示，其中序列 150～180 是预测部分。

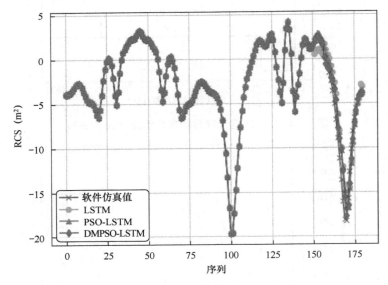

图 4.22　三种算法对比

根据式（4.15）可以计算得到三种算法的决定系数 R^2，其中，LSTM 的决定系数为 0.9742，PSO-LSTM 的决定系数为 0.9805，DMPSO-LSTM 的决定系数为 0.9880。三种算法的 RCS 序列预测效果逐渐提升。根据预测得到的完整 RCS 序列提取其特征。表 4.1 为基于上述三种算法提取的 RCS 特征对比，从表中可以发现，与从原始计算序列中提取的 RCS 特征相比，从 LSTM、PSO-LSTM 和 DMPSO-LSTM 三种算法的预测序列中提取的 RCS 特征的准确性依次变大。

表 4.1　RCS 特征对比

RCS 特征	RCS 均值（m²）	RCS 标准差（m²）	RCS 极差（m²）
原始计算序列	−2.9663	4.8949	23.8318
LSTM 预测序列	−2.8411	4.7154	23.8318
PSO-LSTM 预测序列	−2.8217	4.7801	23.8318
DMPSO-LSTM 预测序列	−2.8837	4.7918	23.8318

再根据目标甲、目标乙的原始航迹数据，在目标甲的 RCS 序列中找到对应条件的 RCS 值，利用式（4.3）可以得到相同情况下目标乙的 RCS 值。

4.5　本章小结

本章主要根据雷达方程，分析了 RCS 与探测距离等参数之间的关系，从目标原始航迹数据入手，提出一种基于 DMPSO-LSTM 的预警目标 RCS 特征智能提取算法，对 PSO 算法中的惯性权重进行改进，使其能够动态变化，并且对粒子进行自适应变异操作，有效避免了陷入局部最优解。

第5章

预警目标回波显影特征智能提取算法

目标回波不仅与目标自身材料、运动姿态和外形轮廓等有关，还与预警雷达的工作状态及环境因素等有关。回波数据中蕴含丰富的目标信息、环境信息和预警装备信息等，预警情报分析人员通常通过回波显影数据获取相关情报。因此，研究回波显影特征是预警目标特征提取的重要内容。传统的回波显影特征提取需要依靠情报分析人员的经验，受主观影响较大，容易出错。智能地提取预警目标回波显影特征是解决上述困难的突破口。

本章围绕预警目标回波显影的智能提取算法进行研究，进一步提高目标特征提取的智能化程度。首先分析回波显影原理，其次针对回波显影的特点对其进行数据准备，最后基于改进的卷积神经网络（Convolutional Neural Network，CNN）提取某型窄带雷达的目标回波显影特征。

5.1 预警目标回波显影特征概述

本节将对预警目标回波显影的概念及特征提取流程、方法进行详细介绍，在此基础上提出合适的智能提取算法，更有针对性地提取预警目标特征。

5.1.1 预警目标回波显影概念

回波显影是雷达所接收的从期望观测的物体反射回来的电磁信号在雷达显示器上的图像。目标的回波与雷达发射频率、目标外形轮廓、材质等因素密切相关，分析研究回波显影信息是识别判断目标的一种重要途径。目标回波显影信息可以通过雷达显示模块，包括 A 型显示器（A 显）、P 型显示器（P 显）和三维显示器（三维显）直观地呈现出来，通常称为雷达目标显影。雷达操纵员在录取席上通过观察目标回波的波峰、波内组织、波宽、波内变化率等特征识别判断目标，即利用了目标的回波显影信息。

常规防空预警雷达由于信号带宽有限，目标可近似为单个或多个散射点的集合；而高分辨率雷达发射信号带宽较大，相应地所占的频谱较宽。由于目标在不同频谱上的响应不同，其散射的回波也大不相同，因此在进行目标回波显影特征提取时需要将这两类雷达区分开来。

1. 常规防空预警雷达目标回波显影信息

（1）目标回波距离–幅度二维信息。

常规防空预警雷达的目标回波信号通过接收机包络检波器提取包络后，在 A 型显示器上呈现回波显影信息，部分雷达可将同一目标的回波脉冲串信号叠加显示，并同时在三维界面上展示，不仅可以反映目标回波的包络，还可以在一定程度上反映目标 RCS 的脉间起伏特性。图 5.1 为我国台湾地区 F-16、幻影 2000、IDF 战斗机及某直升机在某雷达 A 型显示器界面上的回波信号，目标飞机均为 1 批 1 架，相对飞行方向均为侧站飞行。

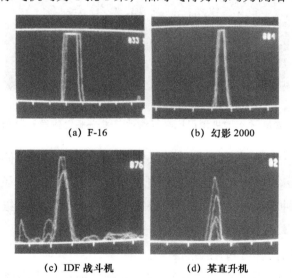

(a) F-16　　　　(b) 幻影 2000

(c) IDF 战斗机　　　　(d) 某直升机

图 5.1　我国台湾地区 4 种机型目标在某雷达 A 型显示器界面上的回波信号

从图 5.1 中可以看出，4 种机型目标在某雷达上的回波包络明显不同，具体体现在包络的峰值个数、极点个数、最大值、上升沿斜率、下降沿斜率、包络宽度和包络面积上。因此，对于防空预警雷达而言，在距离维度上，目标回波显影特征包括包络峰值个数、极点个数、最大值、上升沿斜率、下降沿斜率、包络宽度和包络面积 7 个参数。

（2）目标回波距离-方位-幅度三维信息

在通过 A 型显示器呈现回波显影信息的同时，部分雷达终端还可将同一目标的回波脉冲串信号顺序排列显示，一方面提供了更为直观的目标回波显影，另一方面可获得目标回波脉冲数，直接反映了目标的尺寸大小。图 5.2 为我国台湾地区 F-16、幻影 2000、IDF 战斗机及某直升机在某雷达三维光栅立体显示界面上的回波信号。

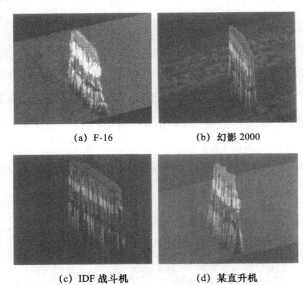

(a) F-16   (b) 幻影 2000

(c) IDF 战斗机   (d) 某直升机

图 5.2　我国台湾地区 4 种机型目标在某雷达三维光栅立体显示界面上的回波信号

从图 5.2 中可以看出，尺寸较小的目标在三维光栅立体显示界面上的迹较短，回波脉冲数小；尺寸较大的目标在三维光栅立体显示界面上的迹较长，回波脉冲数大。对于防空预警雷达，在时间或方位维度上，目标回波的特征信息体现在回波脉冲数中。

（3）目标回波幅度过门限信息。

当目标回波幅度通过门限检测时，会在对应的距离分辨单元内呈现出来，即在雷达 P 型显示器上显示。目标尺寸和外形不同，所占的距离分辨单元数量和在 P 型显示器上的形状也有所不同，雷达操纵员通过在 P 型显示器上进行偏心、空心等扩大显示比例的操作来观察目标所占方位距离单元的长、宽和虚实并进行目标判断，就是利用了目标回波幅度过门限信息。

（4）目标回波幅度统计信息。

雷达系统噪声、环境噪声随机性的影响，加上目标运动造成的雷达波入射角的变化，使运动目标的 RCS 很难得到一个精确的测量结果，因此雷达目标的 RCS 并不是一个可以精确测量的物理量，而是一个数学统计量。特别是一次 RCS 测量结果（反映在目标单个回波的包络信息中）只能反映目标瞬态回波的强弱，无法说明目标电磁特性的基本属性。但一段时间内，同一雷达对同一目标的 RCS 测量结果，能够反映目标大小、形状、材质等一些本质属性。对于具有同一材质和类似外形的不同目标，通常其 RCS 的均值差别可以反映雷达目标大小的不同；RCS 方差的差别可以反映雷达目标姿态变化对 RCS 测量结果的影响程度；而 RCS 的各阶中心距，如偏度、峰度等统计特征包含了更多雷达目标 RCS 变化的局部或全局信息。因此，可利用多帧目标回波数据提取目标回波统计参数（包括均值、方差、偏度、峰度）作为特征参数，来描述不同目标的回波显影特征。

（5）目标的型号。

目标的外形、材料及姿态都会对幅度信息产生复杂的影响，因此回波显影也可以反映机型信息（见图 5.1）。

（6）目标的架数。

在通常情况下，回波变化的原因较为复杂，一般认为由目标脉间起伏所致，也有目标数量的影响，即两架以上飞机编队飞行时，飞机反射波之间的相位关系变化也会造成回波变化。如果两架飞机的间隔距离严格保持不变，则两架飞机的反射波的相位差也是固定的，双机回波就比较稳定。编队飞机越多，回波闪动越厉害；对于同样的飞行间隔，波长越短的雷达，回波闪动越剧烈。图 5.3 为同一类型不同数量目标在某雷达 A 型显示器界面上的回波显影，分别是 1 批 1 架、1 批 2 架、1 批 4 架和 1 批 5 架。图 5.4 为 1 架、2 架、4 架小型机在某雷达三维光栅立体显示界面上的回波显影。

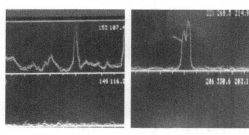

(a) 1 批 1 架　　　　　(b) 1 批 2 架

图 5.3　同一类型不同数量目标在某雷达 A 型显示器界面上的回波显影

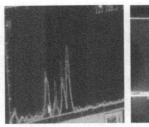

(c) 1 批 4 架　　　　(d) 1 批 5 架

图 5.3　同一类型不同数量目标在某雷达 A 型显示器界面上的回波显影（续）

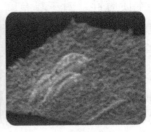

(a) 1 架小型机　　　　(b) 2 架小型机　　　　(c) 4 架小型机

图 5.4　不同数量的小型机在某雷达三维光栅立体显示界面上的回波显影

2. 高分辨率雷达目标回波显影信息

高分辨率雷达发射信号带宽较宽，此时对于目标而言其电磁散射可以认为是由某些局部位置上的电磁散射所合成的，这些局部散射源被称为多散射中心，导致在宽频谱电磁波照射条件下目标不再是一个"亮点"，而是由许多像素组成的"类光学图像"。对于高分辨率雷达，其距离分辨单元远小于目标尺寸，此时在雷达径向距离上可获得目标散射中心的投影分布，即目标高分辨距离像。目标高分辨距离像的每个峰值位置与目标的局部散射中心位置相对应，而其幅度由散射中心的后向散射系数决定，因此可利用其实现对目标的有效识别。当目标与雷达存在相对运动时，利用多普勒信息可以获得散射中心在横向距离上的高分辨率，根据距离多普勒成像原理，可以获得目标二维图像，并提供更高维度的目标结构信息。

5.1.2　预警目标回波显影特征提取流程

1. 常规防空预警雷达目标回波显影特征提取方法

雷达目标的回波显影信息受雷达系统、空间环境、目标姿态、目标与雷达间的相对方位和距离等多种因素影响，因此在提取目标特征参数时，需要明确其所对应的雷达型号、雷达工作状态，以及目标数量、目标类型、目标方位距离、目标姿态、环境参数。目标回波显影特征反映在距离-幅度二维显影信息、距离–方位–幅度三维显影信息、幅度过门限信息上，首先通过提取信息中的参数建立回波特征参数集，同时将目标的距离–幅度二维图像（雷达 A 型显示器图像）、距离–方位–幅度三维图像（雷达三维显示器图像）及极坐标平面图像（雷达 P 型显示器图像）直接提取出来形成回波特征图像集，最后按照雷达与目标先验信息分类存储，建立目标特征库。

常规防空预警雷达目标回波显影特征提取方法如图 5.5 所示。其中，数据预处理首先进行回波数据的幅度归一化，降低特征数据对幅度的敏感程度；其次实现回波数据区域的精确提取，截取目标回波数据；最后进行距离对齐。目标回波脉冲数可利用雷达的小滑窗检测器在距离–方位–幅度三维信息中提取。

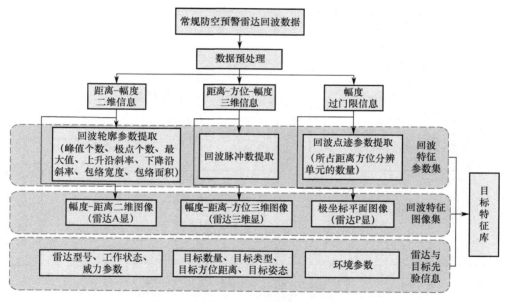

图 5.5 常规防空预警雷达目标回波显影特征提取方法

2. 高分辨率雷达目标回波显影特征提取方法

高分辨率雷达目标回波显影信息包括目标的高分辨距离像信息和高分辨二维像信息。与常规防空预警雷达目标回波显影信息一样，它也受雷达系统、空间环境、目标姿态、目标与雷达间的相对方位和距离等多种因素的影响。与其不同的是，高分辨信息的数据维数一般都在数百以上，直接使用高分辨信息进行研判识别，将会大幅降低识别的实时性。因此，对于高分辨率雷达目标回波显影信息的特征提取需要满足两个条件，一是数据维数不能过大；二是提取稳健特征参数，以消除距离像敏感性的影响。为此，在高分辨距离像信息中获取的径向尺寸、极点个数、峰值个数、最大中心矩、熵值，以及通过主成分分析（Principal Component Analysis，PCA）获得的距离像特征向量可作为特征参数；在高分辨二维像信息中散射点矩阵、方位角估计值、不变矩阵可作为特征参数。高分辨率雷达目标回波显影特征提取方法示意图如图 5.6 所示。其中，数据预处理包括回波数据的幅度归一化、回波数据区域的精确提取、距离对齐及非相干积累。图像预处理首先采用全局阈值处理方法进行斑点噪声抑制，然后进行横条纹干扰抑制，最后进行图像质心归一化和尺度归一化。

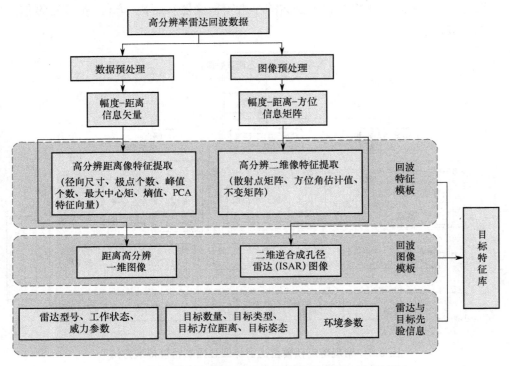

图 5.6　高分辨率雷达目标回波显影特征提取方法示意图

5.1.3　预警目标回波显影特征提取方法

传统的雷达回波显影特征提取方法主要是根据经验大致确定回波的斜率、面积、峰值个数和波宽等。这种方法不仅受主观因素的影响，而且无法形成一套可持续的提取流程。因此，本章采用智能化的方法提取回波显影特征，以此提高特征提取的效率和准确性。考虑到回波显影是图像数据，而 CNN 在图像处理领域具有绝对的优势，因此本章采用 CNN 对回波显影特征进行智能化提取。

基于改进的 CNN 的雷达目标回波显影特征智能提取流程如图 5.7 所示。将回波显影作为输入，对其进行数据预处理，通过卷积层、池化层、激活函数、全连接层和输出层的处理，CNN 会不断对训练集进行自学习，建立起新旧知识、经验之间的关系，最终提取出特征。考虑到神经网络模型的调参、训练时长是影响模型效率的重要因素，本章将对 CNN 进行改进，以解决参数优化慢、训练时间长、过拟合等问题，提高雷达目标回波显影特征提取的效率，并进行仿真验证。

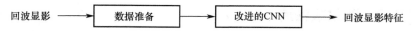

图 5.7　基于改进的 CNN 的雷达目标回波显影特征智能提取流程

5.2　基于 CNN 的预警目标回波显影特征提取

CNN 是一种具有局部连接、权重共享等特性的深层前馈神经网络，被广泛应用于计算机视觉领域。该神经网络的主要特点是具有卷积运算操作，卷积层的神经元相当于图像处理中的滤波器，各自跟踪一个图像特征。全部神经元构成了整幅图像的特征提取器。在使用 CNN 提取特征时，不用指定各个卷积层对回波显影的何种特征进行提取，只要在设计时指定合理的监督和学习目标函数，网络就能自动学习到高效的模型，进而提高特征提取的精准度。

5.2.1　卷积层构造

卷积层通过卷积核对回波显影进行运算，从而提取其特征，具体运算过程如图 5.8 所示。从图 5.8 中可以看出，卷积运算得到的输出矩阵变小。对于雷达目标回波显影这类图像数据，除了高、长方向，还有图像通道方向。先对图像通道方向的各个特征图进行卷积运算，再将所有特征图的卷积运算结果相加，从而得到雷达目标回波显影的卷积层输出。卷积运算的数学表达式为

$$y_{i^{l+1},j^{l+1},d^l} = \sum_{i^l=0}^{H^l} \sum_{j^l=0}^{W^l} \sum_{d^l=0}^{D^l} f_{i,j,d^l,d}^l \otimes x_{i^{l+1}+i,j^{l+1}+j,d^l}^l + b \tag{5.1}$$

式中，$x^l \in \mathbf{R}^{H^l \times W^l \times D^l}$ 是卷积层 l 的输出；$f^l \in \mathbf{R}^{H^l \times W^l \times D^l}$ 是 l 层的卷积核；b 是偏置；(i^{l+1}, j^{l+1}) 为卷积结果的位置坐标，满足

$$\begin{cases} 0 \leqslant i^{l+1} < H^{l+1} \\ 0 \leqslant j^{l+1} < W^{l+1} \end{cases} \tag{5.2}$$

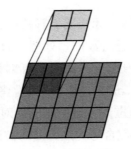

图 5.8　卷积运算

5.2.2　池化层构造

池化层可以进一步压缩卷积层输出的特征图，从而去除冗余信息，进一步提取特征，减少参数数量。池化层主要具有以下特征：一是没有需要学习的参数，只需要在目标区域中进行数值运算；二是池化运算是按照通道独立进行的，因此池化运算之后，输入的雷达目标回波显影通道数不会发生变化；三是对于微小的位置变化具有鲁棒性，当输入的雷达目标回波显影数据发生微小的偏差时，池化仍会返回相同的结果。常见的池化方式有 Max 池化和 Average 池化两种。Max 池化如图 5.9 所示，它的结果是运算区域内的最大值；Average 池化如图 5.10 所示，其结果是运算区域的均值。由于 Average 池化主要保留雷达目标回波显影特征图的背景信息，而 Max 池化主要保留纹理信息，因此本章使用 Max 池化。若第 l 层池化核 $p^l \in \mathbf{R}^{H^l \times W^l \times D^l}$，则 Max 池化的数学表达式为

$$y_{i^{l+1},y^{l+1},d^l} = \max_{0 \leqslant i < H, 0 \leqslant j < W} x^l_{i^{l+1} \times H^l + i, j^{l+1} \times W^l + j, d^l} \qquad (5.3)$$

式中，$0 \leqslant i^{l+1} < H^{l+1}$；$0 \leqslant j^{l+1} < W^{l+1}$；$0 \leqslant d^l < D^l$。

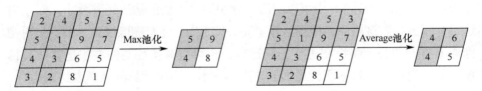

图 5.9　Max 池化　　　　　　　　图 5.10　Average 池化

5.2.3　全连接层构造

全连接层的每个神经元均与上一层的所有神经元相连，导致该层的参数最多。它可以汇合前几层提取的回波显影特征。雷达目标回波显影经过卷积层、池化层和激活函数的处理后，其特征已经蕴含于模型之中。首先，全连接层将前面几层提取的特征连接成一列；其次，通过对模型不断训练，得到

最优的全连接层权重；最后，利用训练好的模型对每一层的结果加权求和，提取回波显影特征。

5.2.4　输出层构造

对于雷达目标回波显影特征提取，在 CNN 的输出阶段需要将 Softmax 函数作为激活函数。Softmax 函数可以将输入值进行正则化，使其输出值之和为 1。Softmax 函数表达式为

$$\text{Softmax}(x) = \frac{\exp(x_i)}{\sum_{i=1}^{n} \exp(x_i)} \tag{5.4}$$

式中，n 为上一层节点的个数。

输出层还包括损失函数，用于寻找 CNN 的最优参数。也就是说，在训练模型时，要寻找使损失函数尽可能小的权重和偏置，一般用均方误差和交叉熵误差。由于提取雷达目标回波显影特征会涉及离散 One-Hot（独热）向量，通常使用交叉熵误差作为损失函数，计算公式为

$$E = -\sum_{k} t_k \log y_k \tag{5.5}$$

式中，y_k 为卷积神经网络的输出；t_k 为正确解的标签。

5.3　基于改进的 CNN 的预警目标回波显影特征提取

5.2 节介绍了 CNN 中卷积层、池化层、全连接层、输出层的构造。本节结合目标回波显影特点，选取激活函数，采用 Adam 优化器更新参数，采用 Dropout 方法防止过拟合，以此构建改进的 CNN。

5.3.1　选取激活函数

激活函数是对生物神经元特性的一种模拟，当输入值的叠加效果高于设置的阈值时，便会激活神经元。激活函数可以增加 CNN 的非线性效果。常用的激活函数有 Sigmoid 函数和 ReLU（Rectified Linear Unit）函数。

$$\sigma(x) = \frac{1}{1 + \exp(-x)} \tag{5.6}$$

$$\text{ReLU}(x) = \max\{0, x\} = \begin{cases} x, & x \geq 0 \\ 0, & x < 0 \end{cases} \tag{5.7}$$

式（5.6）为 Sigmoid 函数表达式；式（5.7）为 ReLU 函数表达式。

从图 5.11 中能够发现对于 Sigmoid 函数，当 $x \geq 5$ 时，函数值全被压缩

到 1；当 $x \leqslant -5$ 时，函数值全被压缩到 0，造成饱和效应；当 $x \geqslant 5$ 或 $x \leqslant -5$ 时，该函数的梯度趋于 0，无法更新参数、训练网络模型。从图 5.12 中能够发现，对于 ReLU 函数，当 $x < 0$ 时，其梯度为 0；当 $x \geqslant 0$ 时，其梯度为 1，避免了梯度饱和。另外，对比两个函数图形可以发现，ReLU 函数的收敛速度比 Sigmoid 函数快大约 6 倍。因此，本章选择 ReLU 函数作为激活函数。

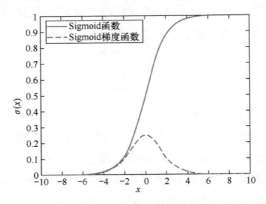

图 5.11   Sigmoid 函数及其梯度函数

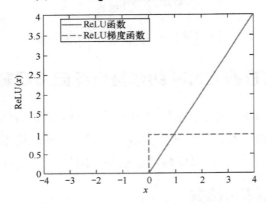

图 5.12   ReLU 函数及其梯度函数

5.3.2   更新模型参数

CNN 训练阶段的目标是得到使损失函数最小的参数，由于一个神经网络的参数很多，因此对其进行优化是一项复杂的工作。SGD 是最常见的一种参数优化方法，其数学表达式为

$$W' = W - \eta \frac{\partial L}{\partial W} \tag{5.8}$$

式中，W' 为更新后的权重；W 为更新前的权重；η 为学习率；L 为损失函数。

SGD 会随机均匀采样，然后沿着梯度方向更新参数，经过若干次迭代，逐渐逼近最优参数。但是，SGD 的噪声较多，这使得参数不是每次迭代都朝整体最优的方向更新，可能会出现局部最优的情况；另外，在更新参数时，每个维度上梯度的放缩是相同的，会降低训练速度。

为了解决 SGD 存在的问题，Momentum、AdaGrad 等参数更新方法不断涌现。Momentum 参照了物体的运动惯性，在寻找最优参数时不仅会保留原有搜索方向，还会根据梯度不断调整方向。这样可以在一定程度上避免陷入局部最优解，也可以提高训练速度。AdaGrad 可以自适应地为每个参数调整学习率。本章引入 Adam 方法，它是一种基于 Momentum 和 AdaGrad 的参数更新方法，不仅可以实现参数空间的高效搜索，提高训练速度，还能在每一次迭代时自适应地调整学习率。其表达式为

$$v_t = \beta_1 v_{t-1} + (1 + \beta_1)\frac{\partial L}{\partial W} \tag{5.9}$$

$$s_t = \beta_2 s_{t-1} + (1 + \beta_2)\left(\frac{\partial L}{\partial W}\right)^2 \tag{5.10}$$

$$W_t = W_{t-1} + \eta\frac{v_t}{\sqrt{s_t + \varepsilon}} \tag{5.11}$$

式中，η 是学习率；β_1 和 β_2 是两个指数加权均值的衰减系数；ε 是一个很小的常数，用于避免除以零。

式（5.10）用于计算一阶矩估计，式（5.11）用于计算二阶矩估计。

5.3.3　防止模型过拟合

CNN 只能很好地拟合训练数据而无法很好地拟合其他数据的现象称为过拟合。过拟合产生的原因主要是，训练数据少，样本不足以代表预定的分类规则；或者参数太多，造成网络模型复杂度过高。权值衰减是一种常见的防止过拟合的方法，可以在训练模型时惩罚较大的权值。该方法可以通过简单的手段防止过拟合，但是当 CNN 比较复杂时，权值衰减无法有效地防止过拟合现象。因此，本章引入 Dropout 方法。在训练模型时，随机删除隐藏层若干个神经元；在测试时，每个神经元的输出要乘以训练时的删除比例。

训练优化好的模型，确定模型的参数和权重后，开始提取雷达目标回波显影特征，将每个回波显影的特征，包括架数、亮度、机型等，作为其标签。当输入新的雷达目标回波显影时，利用已经训练好的模型提取其特征，然后根据特征库确定机型等未知属性，对目标进行识别判性。

5.4 预警目标回波显影特征智能提取算法试验验证

为了验证基于 CNN 的预警目标回波显影特征智能提取算法的有效性，本节通过某型窄带雷达 A 型显示器的回波显影对其进行验证。首先设置模型结构，其次介绍目标回波显影的数据准备情况，最后分析仿真结果。仿真平台为 64 位 Windows 7 系统、Intel Core i7-4790 处理器（基准频率为 3.60GHz）、16GB 内存、Python 3.7 编程环境，采用 TensorFlow1.14 框架（CPU 版本）实现。

5.4.1 模型设置

回波显影特征 CNN 智能提取模型共包含 3 个卷积层、3 个池化层、2 个全连接层和 1 个输出层。以 208 像素×208 像素三通道彩色的某型窄带雷达 A 型显示器回波显影图像为输入，CNN 智能提取模型结构如图 5.13 所示，各层参数设置如表 5.1 所示。

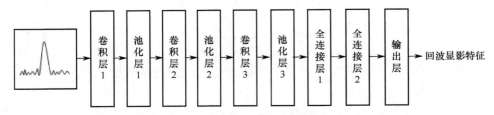

图 5.13 CNN 智能提取模型结构

表 5.1 CNN 智能提取模型各层参数设置

模 型 各 层	参 数 设 置
卷积层 1	16 个 3×3 卷积核，padding=SAME，ReLU 激活函数
池化层 1	3×3 Max 池化核，strides=2，LRN 操作
卷积层 2	32 个 3×3 卷积核，padding=SAME，ReLU 激活函数
池化层 2	3×3 Max 池化核，strides=2，LRN 操作
卷积层 3	64 个 3×3 卷积核，padding=SAME，ReLU 激活函数
池化层 3	3×3 Max 池化核，strides=2，LRN 操作
全连接层 1	128 个神经元，ReLU 激活函数
全连接层 2	128 个神经元，ReLU 激活函数
输出层	Softmax 函数

在表 5-1 中，LRN 为局部响应归一化（Local Response Normalization），该操作可以提升模型泛化能力，并加快收敛速度。设置超参数 Batch Size（批量大小）为 20，学习率为 0.0001。

5.4.2 试验数据

本次试验以 1 批 1 架和 1 批 2 架的目标在某型窄带雷达 A 型显示器中的回波显影为输入。图 5.14 是从数据集中随机抽取的真实 A 型显示器目标回波显影示意图，通过对已有回波显影进行预处理（数据增强、数据扩容）得到两种目标的回波显影各 1000 张，统一尺寸为 208 像素×208 像素，格式为.jpg，如图 5.15 所示。按照各 70%的比例随机选取回波显影作为训练集，剩下的作为测试集。

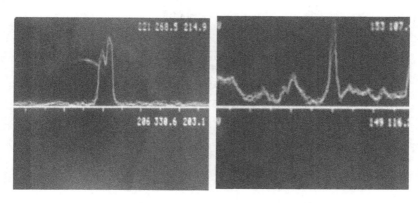

图 5.14 某型窄带雷达 A 型显示器目标回波显影示意图

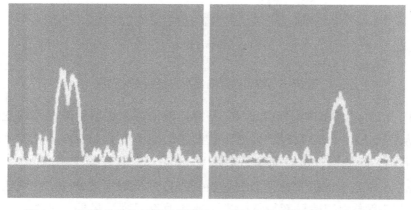

图 5.15 预处理后的某型窄带雷达 A 型显示器目标回波显影示意图

5.4.3 仿真结果与分析

图 5.16 是回波显影特征 CNN 智能提取模型改进前后损失值的变化情况。从图 5.16 中可以发现，模型改进前的损失值在第 40000 步左右才开始逐渐收敛，而模型改进后的损失值在第 2500 步左右开始收敛，且趋于零。

另外，通过对比可以发现，针对某型窄带雷达 A 型显示器的目标回波显影，改进前的模型稳定性差于改进后的模型，虽然损失值呈现整体下降的趋势，但是从局部来看改进前的损失值波动较大，表明模型不太稳定。

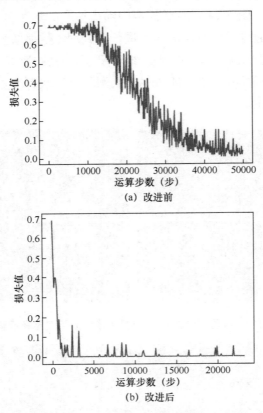

(a) 改进前

(b) 改进后

图 5.16　模型改进前后损失值的变化情况

图 5.17 是回波显影特征 CNN 智能提取模型改进前后准确率的变化情况。从图 5.17 中可以发现，模型改进前的准确率在第 25000 步左右才开始逐渐收敛，而模型改进后的准确率在第 1500 步左右开始收敛，针对某型窄带雷达 A 型显示器的目标回波显影特征提取的准确率达 99%，说明应用改进后的模型提取回波显影特征的准确率和效率很高。另外，通过对比可以发现，相较于改进后的模型，改进前的模型稳定性较差，虽然准确率呈现整体上升的趋势，但是从局部来看改进前的准确率波动较大，表明模型不太稳定。

将目标回波显影输入模型后，模型的每一层都会提取特征，并将不同特征保存于模型中。图 5.18 是改进后的模型对某型窄带雷达 A 型显示器 1 批 1 架目标回波显影的特征提取过程，图 5.19 是改进后的模型对某型窄带雷达 A 型显示器 1 批 2 架目标回波显影的特征提取过程。

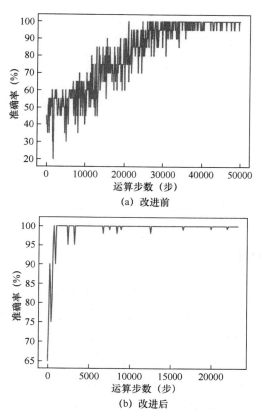

（a）改进前

（b）改进后

图 5.17　模型改进前后准确率的变化情况

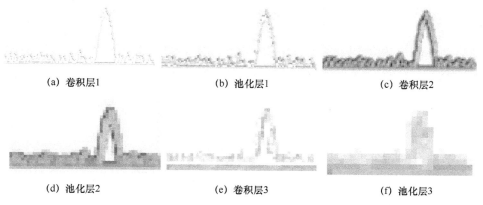

（a）卷积层1　　　　　　　　（b）池化层1　　　　　　　　（c）卷积层2

（d）池化层2　　　　　　　　（e）卷积层3　　　　　　　　（f）池化层3

图 5.18　某型窄带雷达 A 型显示器 1 批 1 架目标回波显影的特征提取过程

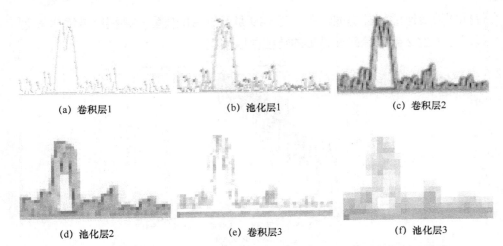

图 5.19　某型窄带雷达 A 型显示器 1 批 2 架目标回波显影的特征提取过程

5.5　本章小结

　　本章将 CNN 应用于预警目标回波显影特征提取，基于标准 CNN 模型，使用 Adam 方法更新模型参数，使用 Dropout 方法防止过拟合，构建改进的CNN 模型；然后，利用建立的目标回波显影数据集对模型进行训练，从而提取目标回波显影特征。以某型窄带雷达 A 型显示器的目标回波显影为例，仿真结果表明，该改进模型的特征提取准确率达 99%，并且训练速度大幅提升，证实改进的 CNN 模型具有强大的特征提取能力，为进一步对雷达目标识别判性奠定了坚实的基础。

第 6 章

预警目标航线规律智能分析算法

航线是预警目标活动的最直观反映，通过对目标航迹的挖掘分析，可以得到目标典型航线、异常航线等的规律。由于航线的人工描述烦琐、不规范，典型航线及异常航线模板制作困难，难以采用常规的基于模板的方式对目标航线规律加以应用。采用基于机器学习的预警目标航线规律分析算法，既可以实现航线规律挖掘分析的智能化，又可以有效避免基于模板的方法的不足，为航线规律的分析应用打下良好基础。

本章首先用改进的自适应拟合算法提取航迹特征；然后在此基础上，分别采用 K-Means++ 及 DBSCAN 算法实现航迹聚类，得出每一类目标的典型航线，并搜索得出异常航线，为目标研判识别提供支持。

6.1 预警目标航线规律概述

预警目标航线所体现的规律最为客观、形象，在防空预警中发挥的作用也最为直接、有效。探求预警目标航线规律，最经典、最主要的研究集中于航迹聚类分析。要挖掘历史航迹价值，揭示预警目标飞行活动规律，可对相似航迹进行聚类，得出聚类中心，形成典型航线，作为参考模板与实时空情比对，利于雷达操纵员准确判定预警目标属性，利于指挥员准确决策。

6.1.1 预警目标航线规律概念

预警目标航线规律是对航迹数据挖掘分析得出的关于目标航线的规律，包括目标的典型航线、异常航线等。

航迹分析是预警目标航线规律挖掘分析的主要形式。

航迹是防空预警雷达探测得到的关于预警目标活动的时空信息,由一系列的航迹点组成,在空间构成三维曲线,能够提供精度比较高的预警目标位置信息,它是目标活动的直接反映,是目前最重要的防空预警情报之一,是传统预警目标活动规律挖掘分析的数据基础。对目标历史航迹的比对分析可以发现,不同类型、不同任务的目标航线不同,相同或相近目标的航线有其相似性。例如,雷达某部门掌握的敌方某型高空战略侦察机航线相对固定,呈现出一定的规律性,一般从某国某机场起飞,通常昼间进行侦察活动,主要侦察航线有两条。一条是在 A 地当面进行侦察,每日飞行 1~2 架次,航线为逆时针横向"U"形;另一条是在 B 地当面进行侦察,飞行航线为双180°。

6.1.2 预警目标航线规律分析流程

航迹信息挖掘分析一般分为数据清洗、特征提取、挖掘分析三个步骤,预警目标航线规律分析流程如图 6.1 所示。

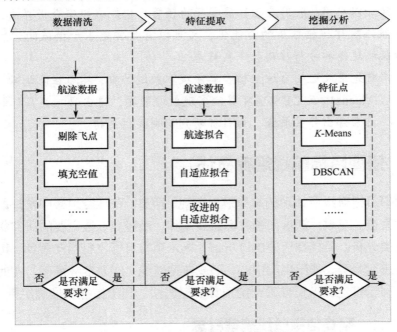

图 6.1 预警目标航线规律分析流程

1. 数据清洗

数据清洗是最基础的环节,主要对航迹数据进行清洗,通过剔除飞点、填充空值等过程,使数据满足挖掘分析要求,本章不做具体描述。

2．特征提取

在特征提取环节，需要形成某种特征向量或较少的关键航迹点来表示航迹。现有的航迹特征提取算法有曲线压缩算法、固定划分拟合算法、自适应拟合算法等。本章在自适应拟合算法的基础上提出改进的自适应拟合算法，克服了固定划分拟合算法、自适应拟合算法特征点提取效果不好、坐标适应性差的缺点。同时，改进的自适应拟合算法也实现了对航迹数据的压缩。

3．挖掘分析

在挖掘分析环节，对航迹数据采用聚类、关联、深度学习等方法挖掘其中蕴含的规律。聚类方法有基于原型的方法、基于层次的方法、基于密度的方法、基于网格的方法和基于模型的方法。本章在两种通用聚类方法的基础上，提出两种航迹聚类方法：一是对预警目标历史航迹曲线拟合所得特征点运用 K-Means 算法进行聚类，形成相似航迹簇，实现航迹聚类；二是对预警目标历史航迹曲线拟合所得特征点运用 DBSCAN 算法进行聚类，然后根据既定规则实现航迹聚类。

采用聚类分析方法来挖掘航迹数据规律，主要形成航迹簇，每一类航迹的典型航线代表了同一类或同一个任务目标的航线规律。采用聚类分析方法挖掘航迹数据规律也可以发现异常航线。

6.1.3　预警目标航线规律分析方法

航迹分析较多应用在车辆、船舶、飞机运动轨迹的规律研究方面，比较典型的是盛行交通流的识别，主流的研究方法是对航迹聚类。

1．传统的航迹聚类方法

传统的航迹聚类方法主要有三类：一是基于航迹点的聚类，二是基于部分特征相似子航迹的聚类，三是面向航迹整体特征的聚类。

运用这些航迹聚类方法的关键在于：一是相似度度量模型的构建；二是高效聚类方法的设计。

在相似度度量模型构建方面，常用的相似度度量有距离、相关系数、余弦相似度等。

在聚类方法设计方面，目前的研究主要着力于压缩样本数据规模，提高聚类效果及效率，而非就方法本身进行改进。压缩样本数据规模，主要方法是求得航迹特征，基于航迹特征使用聚类方法完成航迹聚类。常用的聚类方法有：对固定区间求中心，然后比较中心点相似度；对航迹求转折点，然后比较转折点相似度；通过最小描绘长度理论划分航迹特征点，然后比较特征点相似度；基于航迹整体趋势提取特征，然后比较特征向量相似度。

2. 不足及改进

传统的航迹分析方法大多有其特定的应用背景，将其应用于预警目标航线规律挖掘分析存在一定局限。基于航迹点的聚类运算量大、耗时长、占用大量资源，且对交叉航线航迹点较难处理；基于部分特征相似子航迹的聚类方法复杂，适用性不强；面向航迹整体特征的聚类不能兼顾太多的航迹细节特征，影响航迹聚类效果。本章从预警目标航线规律挖掘分析实际出发，从便于存储、利于分析两个方面考虑，基于改进的自适应拟合算法，以其所提取的航迹特征点为基础，构建两种预警目标航迹聚类方法，较好地克服了传统航迹聚类方法在预警目标航线规律挖掘分析应用方面的不足。

6.2 预警目标航迹特征提取

对于数据挖掘而言，提取有效的特征是前提。如果提取的特征没有较高的区分度，则方法再好也无济于事。能将待区分的事物很好地区分开来的事物属性特征就是有效的特征，其有弱、中、强之分。能否找到强特征，在很大程度上决定着数据挖掘的效率高低，甚至成功与否。

6.2.1 预警目标航迹特征提取方法

目前，航迹特征提取主要有点特征提取和整体特征提取。

1. 点特征的提取方法

点特征的提取方法有曲线压缩算法、曲线拟合算法等，目的都是在尽可能多地保留曲线信息的情况下尽可能少地保留原曲线点。

常见的曲线压缩算法有间隔取点法、合并法（偏角法）、垂距法及分裂法等，更多地应用在地理信息系统（GIS）和测绘领域中。这些算法通常保留了曲线的首、末点，以及按照某种规则提取的原曲线上的特殊点，保留了空间曲线的特征，并实现了对曲线的压缩。

常见的曲线拟合算法有固定划分拟合算法、自适应拟合算法等。本章在自适应拟合算法的基础上，重新设计了损失函数，优化了拟合区间的选取方式，所提取的航迹特征更为有效，为航迹特征规律分析奠定了基础。

2. 整体特征的提取方法

整体特征的提取方法是将航迹物理空间映射到特征空间，常见的有起始点法、整体拟合法等。

鉴于预警目标航迹较为复杂、整体特征不利于重现等，航迹整体特征提取一般不应用于航线规律挖掘分析。

6.2.2　基于拟合算法的航迹特征提取

航迹是由大量点迹组成的，由于目标的运动轨迹是连续变化的，在一段连续的航迹上，点迹变化平缓，航迹曲线光滑，因此可利用曲线对航迹进行拟合。

1. 拟合算法优势

选择合适的拟合函数，通过拟合得到曲线的起始点，以其为特征点来代替大量原始点迹，对航迹拟合特征点采用聚类算法，从而实现航迹的有效聚类。拟合算法减少了样本数据数量，适用于大的样本集和大数据应用场景。同时，拟合算法还使得运算可以分阶段进行，在传输及存储阶段进行拟合运算，在聚类阶段只对特征点聚类，优化了存储和运算资源，降低了数据传输压力，提高了运算效率。

2. 拟合基本思想

曲线拟合是指选择适当的曲线类型来拟合观测数据，并用拟合的曲线方程分析变量间的关系。常见的拟合函数有指数函数、对数函数、幂函数和多项式函数。对于预警目标航迹的拟合，多项式函数简单易用、拟合运算速度快、拟合效果好，成为预警目标航迹拟合的首选。大多数预警目标为了得到较好的燃油经济性并追求最大航程，都会尽快爬升到一定高度，然后水平匀速巡航飞行，尽量避免改变速度和高度，故航迹信息中高度值的变化较小，在一段很长的时间间隔内仅保留一个高度值。因此，对于航迹数据 $\{(x_1, y_1), (x_2, y_2), \cdots, (x_L, y_L)\}$，可在经纬度构成的二维平面上采用三次多项式 $y = ax^3 + bx^2 + cx + d$ 曲线进行拟合，拟合方法采用最小二乘法。目标函数为

$$\min \hat{\sigma} = \sum_{i=1}^{L} (\hat{y}_i - y_i)^2 \tag{6.1}$$

式中，$\hat{y}_i$ 为拟合值；y_i 为实际值；L 为航迹长度。

6.2.3　基于改进的自适应拟合算法的航迹特征提取

由于航迹轨迹复杂，用一条曲线难以描述其全部特征，故自适应的拟合区间选择成为问题的关键，并且应该精心选择以达到最优效果，区间过大或过小都会弱化重要特征点的区分作用，导致聚类误差加大。拟合区间过小还会影响压缩效果，占用存储空间。本章针对传统自适应拟合算法的误差函数设计缺陷，在其基础上改进误差函数，并采用回溯法实现最优拟合区间的选择。

1.　坐标转换

首先，将原始航迹极坐标系转换为直角坐标系。

雷达原始数据是建立在极坐标系下的，而拟合算法需要直角坐标数据。将极坐标系下的点迹数据 (R, θ, z_0) 转换为直角坐标系下的 (x, y, z)，转换关系为

$$x = R\cos\theta, \quad y = R\cos\theta, \quad z = z_0 \tag{6.2}$$

式中，R、θ、z_0 分别为极坐标系下目标与原点的距离、方位角、仰角；x、y、z 分别为直角坐标系下目标在 x 轴、y 轴、z 轴的坐标。

2.　航迹拟合

采用回溯法选择航迹最优拟合区间，回溯法的实现采用迭代逼近的方式：对于一段长度为 L 的航迹，如果误差小于所设阈值，则从判断处向外延伸 1/2 距离；如果误差大于所设阈值，则从判断处往回缩减 1/2 距离；如此循环迭代，直至前后两次误差相等。

根据二维平面中面积不随坐标的选择而变化的特点，将拟合误差 σ（损失函数）定义为

$$\sigma = \sum_{i=1}^{L} |\hat{y}_i - y_i| \Delta x_i$$
$$\Delta x_i = |x_i - x_{i-1}| \tag{6.3}$$

式中，$\hat{y}_i$ 为拟合值；y_i 为实际值；x_i 为 y_i 所对应的自变量取值；x_{i-1} 为下一个航迹点自变量取值。

采用三次多项式曲线进行拟合，拟合方法采用最小二乘法，目标函数同式（6.3）。在 Python 环境中进行编程计算，得到各段拟合曲线的参数。拟合后的航迹信息用航迹拟合特征点与其所对应区间的拟合曲线参数来表示，即 $[(x, y), (a, b, c, c)]$。

6.3　基于聚类的预警目标航线规律分析

不同的航线体现出目标活动的不同规律性。基于聚类算法对长期积累的目标航迹数据挖掘分析可以得到目标活动的这种规律，包括目标的典型航线、异常航线等。

6.3.1　基于 K-Means++算法的航迹聚类

K-Means 是最常用的基于原型的聚类算法。K-Means++是 K-Means 的改进型，解决了因初始中心选择不当导致的簇效果不佳或收敛慢问题，本章采用 K-Means++算法实现聚类。

1.　航迹聚类

步骤 1：对整段航迹选取自适应拟合段，得到各段航迹的特征点，建立起关于整段航迹的新特征集。

步骤 2：从特征集中随机选择 k 个特征点作为初始中心。初始中心数量的选取可根据航迹整体分布情况预先估计。

步骤 3：将 n 个数据对象划分为 k 个簇以使其距离满足：同簇中的对象相似度较高；不同簇间的对象相似度较低。K-Means++算法在初始点的选择上做了优化。给定样本集 $D = \{x_1, x_2, \cdots, x_m\}$，聚类所得簇 $C = \{c_1, c_2, \cdots, c_m\}$ 最小化平方误差为

$$E = \sum_{i=1}^{k} \sum_{x \in c_i} \|x - u_i\|_2^2 \tag{6.4}$$

式中，$u_i = \dfrac{1}{|c_i|} \sum_{x \in c_i} x$，是簇 c_i 的均值向量。

通常"相似度度量"都是基于某种形式的距离来定义的，距离与相似度成反比。最常用的距离是闵可夫斯基距离，对于给定样本 $x_i = (x_{i1}, x_{i2}, \cdots, x_{in})$ 与 $x_j = (x_{j1}, x_{j2}, \cdots, x_{jn})$，有

$$\text{dist}_{mk}(x_i, x_j) = \left(\sum_{u=1}^{n} |x_{iu} - x_{ju}|^p \right)^{\frac{1}{p}} \tag{6.5}$$

当 $p = 2$ 时，闵可夫斯基距离为欧氏距离；当 $p = 1$ 时，闵可夫斯基距离为曼哈顿距离。这里采用欧氏距离作为相似度度量。

在对某空域所有航迹进行拟合时选取统一的误差阈值，则得到的航迹新特征集能够代表原航迹，解决了运算量大、准确率不高的问题。对某真实航

迹采用改进的自适应拟合算法，将原航迹 373 个点压缩为 8 个关键点，数据量减少了 98%。

对航迹拟合特征点进行聚类，当存在交叉航迹时，为避免航迹交叉处的特征点对航迹区分有干扰，不考虑航迹交叉处的特征点，从而提高聚类的准确率。

2. 典型航线输出

在完成聚类后，不同类型的航迹得以区分，得到每类航迹的典型航线是聚类的最终目的，是得出预警目标航线规律的最后一步。

经过自适应拟合及特征点聚类后，每条航迹可以用多个特征点及相应编号所组成的向量来表示，即 $(x_{i1}, x_{i2}, \cdots, x_{ij})$，其中，$i \in M$，$j \in N$，$M$ 为航迹编号集合，N 为特征点聚类簇号。每条航迹也有同样的多项式系数向量与特征点与之对应，$\{(a_{i1}, b_{i1}, c_{i1}), (a_{i2}, b_{i2}, c_{i2}), \cdots, (a_{ij}, b_{ij}, c_{ij})\}$，其中，$i \in M, j \in N$。通过编号匹配得到每个特征点簇中同类航迹的所有特征点，将其中心作为典型航迹特征点，距离度量采用欧氏距离。然后，通过编号匹配得到每个特征点簇中同类航迹特征点的典型拟合曲线系数，求其中心作为典型航线特征点，距离度量采用归一化之后的欧氏距离。最后，根据特征点及特征点系数，还原得到典型航线。

得到典型航线后，可将典型航线与目标实时航迹匹配关联，以辅助对目标的识别判性。

6.3.2　基于 DBSCAN 算法的航迹聚类

基于密度的带噪应用空间聚类（Density-Based Spatial Clustering of Applications with Noise，DBSCAN）算法原理如图 6.2 所示。

1. 特征点聚类

为整段航迹选取自适应拟合段，得到各段航迹特征点及相应的编号等辅助信息，建立起关于整段航迹的新的特征集。

给定数据集 $D = \{x_1, x_2, \cdots, x_m\}$ 及邻域参数 $(\varepsilon, \mathrm{MinPts})$，$\varepsilon$ 为邻域半径，MinPts 为给定点在邻域内成为核心对象的最小点数（邻域密度阈值），有以下定义。

ε **邻域**：$x_j \in D$，在样本集 D 中所有与 x_j 的距离不大于 ε 的样本集合称为 x_j 的 ε 邻域，即 $N_\varepsilon(x_j) = \{x_i \in D \mid \mathrm{dist}(x_i, x_j) \leqslant \varepsilon\}$。

核心点：若有至少 MinPts 个样本点包含于 x_j 的 ε 邻域中，即 $|N_\varepsilon(x_j)| \geqslant \mathrm{MinPts}$，则 x_j 称为核心点。

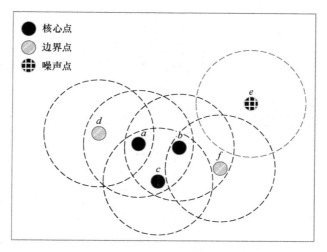

图 6.2　DBSCAN 算法原理

边界点：若 x_j 的 ε 邻域中样本点的个数少于 MinPts 个，且包含一个核心点，则 x_j 为边界点。

噪声点：既非核心点又非边界点的样本点称为噪声点。

密度直达：对于核心点 x_i，若样本点 x_j 位于 x_i 的 ε 邻域中，则 x_j 由 x_i 密度直达。

密度可达：对于 x_i 与 x_j，若存在样本点序列 $p_1, p_2, \cdots, p_n$，其中，$p_1 = x_i$，$p_n = x_j$，并且 p_{i+1} 由 p_i 密度直达，则 x_j 由 x_i 密度可达。

密度相连：对于 x_i 与 x_j，若存在 x_k 使得 x_i 和 x_j 均由 x_k 密度可达，则 x_i 和 x_j 密度相连。

簇：最大密度相连的样本集合。

在图 6.2 中，$\mathrm{MinPts}=3$，虚线圆代表 ε 邻域，点 a、点 b、点 c 为核心点，点 a 由点 b 密度直达，点 d 由点 b 密度可达，点 d 与点 f 密度相连。点 d、点 f 称为边界点，点 e 称为噪声点。

DBSCAN 算法流程如图 6.3 所示。

DBSCAN 算法必须事先给出邻域参数 $(\varepsilon, \mathrm{MinPts})$。

（1）ε 值设置：若 ε 值设置过小，则大部分数据不能聚类；若 ε 值设置过大，则多个簇和大部分对象会归并到同一个簇中。可以使用 k-距离曲线（k-Distance Graph）方法取得合适的 ε 值：给定参数 k（一般 k 取 4），对于数据集中的每个样本点，计算其所对应的第 k 个最近邻域距离 dist_ε，然后将所有样本点对应的 dist_ε 降序排列，所得曲线为排序的 k-距离曲线，选择该曲线中急剧变化的位置对应的 k 距离值设定为 ε。

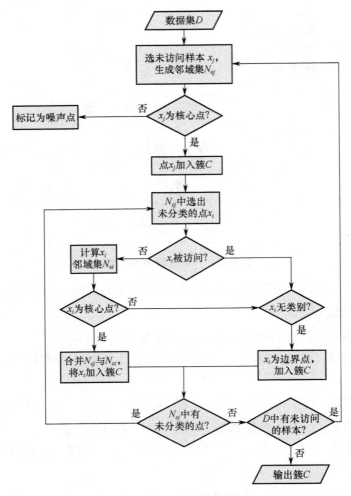

图 6.3 DBSCAN 算法流程

（2）MinPts 值设置：若 MinPts 值设置过小，簇的密度小于 MinPts，则易将稀疏簇中样本点认成边界点，不利于簇的扩展；若 MinPts 值设置过大，簇的密度大于 MinPts，则易将邻近簇合并，不利于簇的区分。通常，MinPts 值的设置原则是，$\text{MinPts} \geq \dim + 1$，且 $\text{MinPts} \geq 3$。其中，dim 表示待聚类数据的维数。

2. 基于规则的交叉航迹聚类

对航迹拟合段特征点进行 DBSCAN 聚类，在同类航迹特征点密度大于 MinPts 的情况下，无论航迹存在交叉与否，都可以直接聚类得到航迹类别。但当不同类航迹的特征点位置较近时，会出现难以对它们进行有效区分的情况。在 6.3.1 节中，我们对这种特征点只是简单地进行了删除处理。本节基于 DBSCAN 算法聚类，剔除了异常值，聚类簇中特征点成分较为单纯，可以基于规则实现交叉航迹的聚类。

自适应拟合算法所得的航迹特征点为航迹的拐弯点、始点、暂消点等，能够体现航迹的典型特征，只要所取误差阈值一致，所得特征点都会较为聚集。从同一类目标的所有航迹数据来看，所有的航迹特征点都分布在各自所属的特征点簇中。

对待挖掘分析的航迹预先编号，设聚类后得到的所有航迹簇为 $\{D_1, D_2, \cdots, D_k\}$，单个航迹簇可表示为 $D_j = \{x_{mn} | m \in M, n \in N_m\}$，其中，$j \leqslant k$，$M$ 为航迹编号集，N_m 表示编号为 m 的航迹所有特征点的编号集。航迹簇间的相似度用航迹编号的杰卡德相似系数来度量，相似簇 D_n 定义为与给定簇杰卡德相似系数为 1 或接近 1（具体取值根据需要选定）的簇，对航迹簇 $\{D_1, D_2, \cdots, D_k\}$ 进行一次扫描可得一个相似簇组 $\{D_{n_i} | 1 < i \leqslant k\}$。

规则 1：每组相似航迹簇中所有航迹编号交集所对应的航迹视为同一类航迹。

规则 2：不存在相似簇的簇中航迹编号所对应的航迹为同一类航迹。

规则 3：未在任何簇中的航迹一般为异常航迹。

在图 6.4 中，根据规则 1，航迹簇 D_2、D_5 及 D_4 中航迹编号交集所对应的航迹为同一类航迹，航迹簇 D_1、D_6 及 D_4 中航迹编号交集所对应的航迹为同一类航迹；根据规则 2，航迹簇 D_3 中航迹编号所对应的航迹为同一类航迹；特征点 x_1、x_2 对应的航迹疑似异常航迹，符合规则 3 的定义。

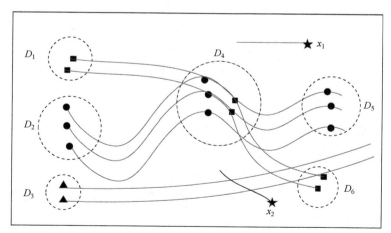

图 6.4　规则图解

3. 异常航线输出

运用 *K*-Means++算法实现航迹聚类后，所有航迹都归于不同的航迹类别，无法发现异常航迹。基于 DBSCAN 算法聚类的优点之一就是可以发现异常值，从而从大量航迹中识别出异常航迹。基于聚类算法所发现的异常航迹即异常航线，典型航线体现了航线规律的反复性、普遍性，异常航线体现了航线规律的特殊性，是基于聚类算法挖掘分析的另一类重要活动规律。

在 DBSCAN 算法完成航迹聚类后，将符合规则 3 的航迹视为异常航迹，将其输出即得到异常航线。

6.3.3　两种聚类算法的比较

K-Means++算法及 DBSCAN 算法作为两类不同的聚类算法，在航线规律挖掘分析中有不同的优势和不足，具有不同的适用场景。

1. 算法优缺点

K-Means++算法的缺点是必须事先指定簇数。航迹数据聚类中心数可以根据拟合特征点分布的可视化处理最终确定，也可以通过 *K*-Means++算法或肘部法和轮廓系数图对聚类效果进行评定，帮助选出最优 *K* 值。这里采用肘部法来确定最优簇数。

DBSCAN 算法将具有足够密度的区域划分为簇，并在具有噪声的空间数据中发现任意形状的簇，这有利于发现异常航迹，这一点是 *K*-Means++算法难以实现的。

比起 *K*-Means++算法，DBSCAN 算法的优点在于不需要提前确定聚类的簇数，但 DBSCAN 算法的缺点是必须事先给出邻域参数 $(\varepsilon, \text{MinPts})$，$\varepsilon$ 和 **MinPts** 需要根据具体情况人为设定，不当的邻域参数设置会影响聚类效果。

2. 算法适用场景

两类算法的优缺点决定了它们的适用场景。

观察航迹曲线拟合得到的特征点分布，在簇数较为明显时，可以采用 *K*-Means++算法实现聚类。它能够将所有航迹的特征点都归于簇，从而将部分偏航的航迹也纳入恰当的类中，算法的鲁棒性较强，所得的典型航线更具有代表性，所生成的模板匹配能力更强。

在特征点簇的分布不是很明显时，可以采用 DBSCAN 算法来实现聚类。由于 DBSCAN 算法是根据密度来划分簇的，故在密度合适的时候，能够排除分布异常的航迹特征点，从而识别出偏航等异常航迹，这在预警目标航线规律挖掘分析中有巨大的现实意义。

　　总体来说，在期望生成航迹的典型航线时，可以采用 K-Means++ 算法和 DBSCAN 算法；在期望生成典型航线并发现异常航迹时，只能采用 DBSCAN 算法。

6.4　预警目标航线规律分析算法试验验证

　　为验证基于改进的自适应拟合算法的航迹特征提取效果，以及基于 K-Means++、DBSCAN 算法的航迹聚类效果，本节采用仿真航迹数据对各类算法进行试验对比，并对结果进行分析。

6.4.1　航迹特征提取效果

　　按照 6.3 节所述思路，对一段航迹采用拟合算法进行仿真，得出航迹位置信息拟合前后的对比图。此段航迹共包含 373 个点迹，航迹位置信息变化明显，比较真实地反映了各类预警目标的航迹特征，具有一定的代表性。

1.　与其他航迹拟合算法对比

　　基于固定划分拟合算法对一段航迹进行等间隔分割并拟合，虽然可以在一定程度上解决拟合效果不好的问题，但在间隔划分较少时存在与真实航迹偏差太大的问题，如果间隔划分过密，则又达不到压缩数据量的目的。在图 6.5 中，划分间隔数量达到了 35，拟合曲线能较好地吻合原航迹。

　　对于自适应拟合算法，在不附加限制条件的情况下，当拟合误差 $\sigma = 0.00001$ 时，效果如图 6.6 所示。从图 6.6 中可以看出，航迹在自适应拟合段的连接处出现中断，段与段之间的连接不光滑，模拟真实航迹存在一定的失真。

2.　改进的自适应拟合算法拟合效果

　　在本章中，改进的自适应拟合算法在进行航迹拟合时采用损失函数。

$$\sigma = \sum_{i=1}^{L} |\hat{y}_i - y_i| \Big/ L \tag{6.6}$$

式中，$\hat{y}_i$ 为拟合值；y_i 为实际值；L 为航迹长度。

　　在传统拟合算法中，常采用如式（6.3）所示的损失函数，直接将航迹点的纬度作为自变量，将航迹点的经度作为因变量，当航迹曲线上存在接近垂直于自变量轴的曲线段时，航迹"急变段"将出现大量拟合点，如图 6.7 所示。

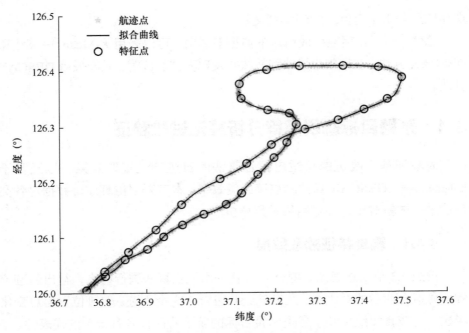

图 6.5　固定划分拟合算法效果

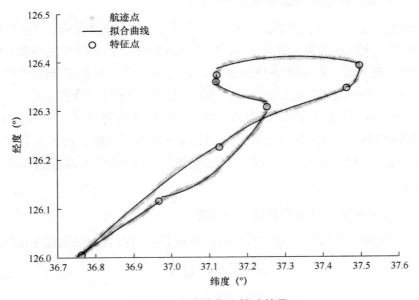

图 6.6　自适应拟合算法效果

原因在于该损失函数只考虑了因变量的变化率问题，使航迹"急变段"拟合点数量激增。基于拟合曲线及航迹曲线所构成图形的面积构造损失函数时，由于面积在平面直角坐标系中具有不变性，坐标系选取带来的不利影响将被消除，式（6.6）采用拟合曲线及航迹曲线所构成图形的近似面积作为损失函数，取得了较传统拟合算法更好的效果，如图 6.8 所示。

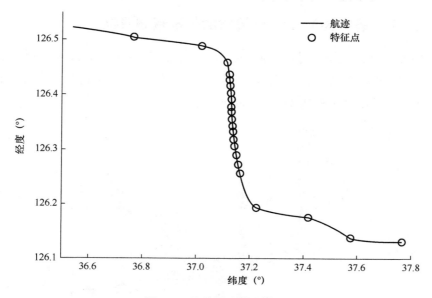

图 6.7　传统拟合算法效果

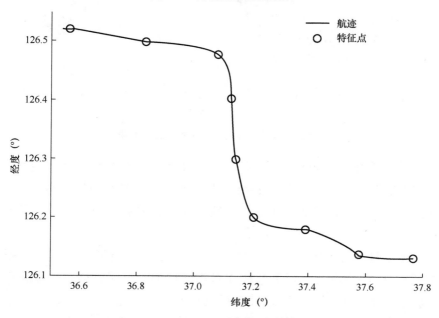

图 6.8　改进的自适应拟合算法效果

可以看到，采用式（6.3）时，拟合点总数量为 22 个，在"急变段"航迹拟合点数量为 16 个；采用式（6.6）时，拟合点总数量为 9 个，拟合点分布比较符合实际，能够用较少的拟合点来表征航迹特征，准确地刻画了航迹的起始、拐弯等特征。

6.4.2 基于 *K*-Means++算法的航迹聚类效果

模拟某空域一段时间内的航迹数据，有 3 类 23 条航迹，共 4051 个点迹，在对它们运用改进的自适应拟合算法后，得到拟合段特征点集，采用 *K*-Means++算法聚类效果如图 6.9 所示。

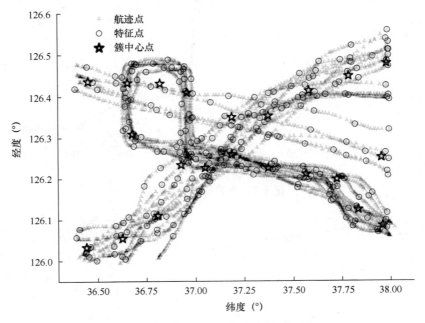

图 6.9　采用 *K*-Means++算法聚类效果

当误差阈值为 0.00001 时，共得到 154 个航迹拟合特征点，能够很精细地体现航迹特征，但对于航迹特征点聚类来说，聚类的效果不理想。当 *K* 值指定为 22 时，聚类簇中心点才能够体现各类航迹的特征，如图 6.10 所示。

当误差阈值为 0.001 时，共得到 56 个航迹拟合特征点，当 *K* 值设置为 15 时，聚类簇中心点就能够体现各类航迹的特征了，较少的航迹簇有利于后期对航迹的区分，可以降低后期处理的计算量及复杂程度。

对于交叉航迹，直接采用聚类算法并不能将其区分开。从刚才的试验可以看出，当拟合误差阈值较小时，拟合特征点数量较多，存在不同航迹特征点在同一个簇中但特征点对应的航迹曲线不属于同一类型的情况，即存在航迹交叉现象，此时难以有效区分航迹。只考虑非航迹交叉处的特征点，就可以实现航迹正确聚类，如图 6.11 所示。

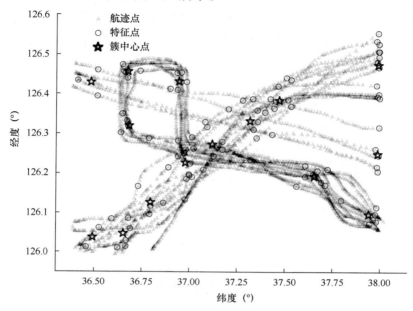

图 6.10　K 为 22 时的聚类效果

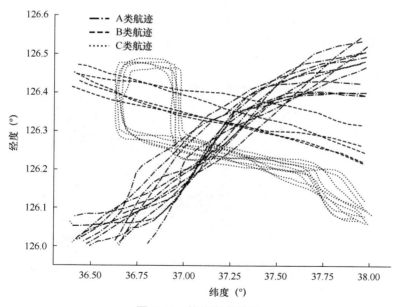

图 6.11　航迹聚类效果

1. 最优簇数 K 的确定

按照肘部法的思路，先用航迹聚类特征点总数作为 K 值代入聚类，逐次递减，监控该过程中所有数据点到其所属簇的距离平方和，将该值由大到小排列，明显出现肘部时所对应的 K 值视为最优簇数。

由图 6.12 可以看出，所述空域航迹聚类 K 值最后确定为 3，与图 6.11 对比可以看出，该值和航迹类别数相吻合。

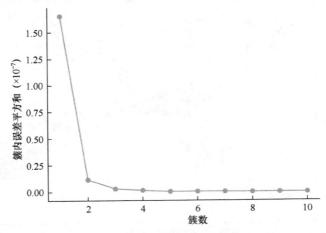

图 6.12　肘部法确定最优簇数 K

2. 典型航线输出

对航迹拟合并采用 K-Means++算法聚类后，得到关于各类航迹的典型航线，如图 6.13 所示，共得到 3 类不同航迹及每类航迹的典型航线。

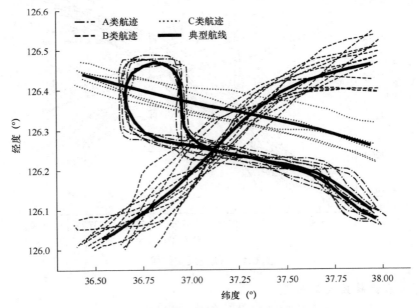

图 6.13　3 类不同航迹及每类航迹的典型航线

由图 6.13 可看出，3 类航迹的典型航线能够比较好地体现该类航迹的特征，能够较为准确地反映不同种类预警目标的航线规律。在下一步的目标辅助识别任务中，以此典型航线建立模板，通过逐点匹配或特征点匹配的方式，可以实现目标辅助识别或发现偏航等。

6.4.3　基于 DBSCAN 算法的航迹聚类效果

1.　航迹拟合特征点聚类效果

采用同样的试验数据，得到关于它们的最优拟合段特征点集，设置不同邻域取值 $(\varepsilon, \text{MinPts})$，分析采用 DBSCAN 算法的航迹聚类效果，如图 6.14 所示，其中同一类型特征点属于同一簇。

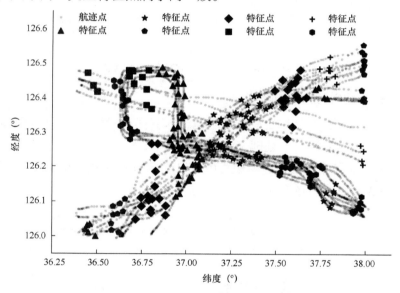

图 6.14　采用 DBSCAN 算法聚类效果

当误差阈值为 0.00001 时，共得到 142 个航迹拟合特征点，$(\varepsilon, \text{MinPts})$ 取 (0.05,3)，能够很精细地体现航迹特征。但对于航迹特征点聚类来说，存在着航迹特征点聚类簇较多、各类航迹特征点交集过多、后期处理复杂度增加的问题。

当误差阈值取 0.0001 时，由图 6.15 可以看出，所得航迹拟合特征点大大减少，更明显地表示了航迹的起点、拐弯等重要特征，且聚类簇能够很好地将各类航迹的特征点聚为一簇，航迹簇中特征点的类别更为单纯，有利于基于规则将航迹加以区分，降低后期处理的计算量及复杂程度。同样可以看出，放宽阈值的设置有利于取得更好的聚类效果。

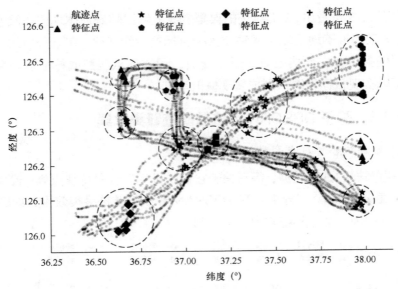

图 6.15　误差阈值取 0.0001 时的聚类效果

2. 基于规则的交叉航迹聚类

针对交叉航迹难以有效聚类的问题，本节在对特征点进行密度聚类后，采用基于规则的方法进行处理。

由图 6.16 可以看出，在参数为(0.05,3)、误差阈值为 0.0001 时，可以准确区分出 3 类正常航迹及 1 条异常航迹。

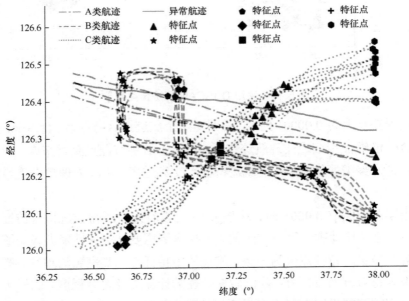

图 6.16　参数为（0.05,3）、误差阈值为 0.0001 时的航迹聚类效果

3. 异常航线输出

从图 6.16 中可以发现 1 条异常航迹，其展现出与其他 3 类航迹较不一致的运动趋势。可见，基于 DBSCAN 算法对航迹聚类，按照所定义的规则，可以从大量航迹中识别出异常航迹，而基于 K-Means++算法对航迹特征点的聚类是难以区分出异常航迹的。将聚类所得异常航迹输出即得异常航线，异常航线体现了预警目标活动规律的特殊性，是除典型航线之外的另一类重要活动规律。

6.5　本章小结

本章通过对历史航迹进行聚类，找出不同相似航迹簇，得出簇中心航迹作为典型航线及异常航线，刻画反映了每类预警目标的航线规律。将典型航迹建立模板与预警目标实时航迹比对关联，可以实现对预警目标的识别判性，预测预警目标活动趋势，辅助指挥员指挥决策。

本章所述方法在运用到真实航迹聚类时，为了使航迹聚类效果更好，可结合航迹信息所表征的预警目标运动属性，如飞行高度、速度、加速度、爬升率等，增加预警目标属性的维度，从而更精准区分预警目标航迹。通常，将航迹位置信息聚类与运动属性聚类相印证，会有更高的聚类可信度。

第 7 章

预警目标空域规律智能分析算法

相同性质及任务的预警目标飞行活动空域相似，体现出较强的规律性。预警目标的飞行活动空域较难用人工方式描述并量化，限制了对其规律的挖掘分析及应用。基于机器学习算法的预警目标空域规律分析算法为其智能化应用提供了思路，如何对目标的飞行活动空域规范化描述、采用何种合适的智能分析算法是两个主要问题。

本章首先对预警目标进行空域编码，实现对预警目标空域的统一表述，然后应用支持向量分类器（SVC）、改进的反向传播（BP）网络，对航迹历史数据进行学习训练并固化模型参数，最后对两类算法的性能效果进行试验验证。

7.1 预警目标空域规律概述

当目标航线不规则时，航迹聚类难以有效进行，对目标的航线规律较难挖掘分析，这时可以从预警目标的空域角度挖掘、寻找飞行活动的规律性。预警目标空域规律体现了不同目标运动的空间特点，在统一描述的时空中，基于分类的思想可以较好地寻找到这种规律。

7.1.1 空域规律概念

1. 空域规律定义

预警目标空域规律是指目标运动的区域，包括起降机场、热点区域、驻点、拐弯点等信息中所蕴含的大量规律性信息，此类信息主要由航迹数据及各类人工情报所承载。例如，西太平洋地区某国某型电子侦察机对我国沿海地区实施侦察主要有两种方式：例行侦察和专程侦察。例行侦察从某国某机场起飞，沿公海线飞行，航线规整，能够从空域角度入手研究其运动规律；而专程侦察，主要是指在目标区域附近进行侦察，航迹一般不规整，研究其航线规律存在困难。

2. 空域规律研究意义

从目标的运动区域来看，对于同类型、同任务的预警目标，起降机场较为固定，拐弯点、特征点的位置也比较固定，其所构成的边界大体相似，运动范围基本相同，对预警目标空域的这种规律性加以利用，可以辅助对预警目标的识别判性。在目前的防空预警实践中，存在的问题是难以用计算机语言准确表述空域，对空域特征难以量化，主要还是人工总结、人工判断，很少应用其他辅助技术手段。目前，有经验的操纵员在长期的值班执勤中掌握了部分预警目标空域规律，并将其固化形成经验，在面对实时目标时，能够根据潜意识中所形成的规律，实现对目标的识别研判，获得目标属性、型别等信息。这种纯粹依据经验的做法，对目标的识别研判效率不高，对人员素质依赖过强，识别研判质量难以保证，方法经验不便于推广应用于工程实践，亟须量化、固化经验，形成工具以便于应用。随着机器学习技术的发展，采用机器学习的方法对预警目标空域规律挖掘分析已成为研究热点。

7.1.2　空域规律分析流程

基于机器学习的预警目标空域规律分析方法步骤如下。

1. 空域编码

空域编码是指对预警目标运动区域按照设计的编码规则进行编码，使之统一、标准，适应机器学习算法。这里重要的是对目标航迹进行数据增强，形成规模较大的数据集，以避免过拟合，提高模型的泛化能力。数据增强的手段是图像拉伸、变形，以及图像特征点移位重构等。

2. 模型设计

模型设计决定分析的效果。基于 SVC 的算法较为成熟，需要根据数据情况进行各类参数的最优组合。BP 网络需要进行网络结构设计，以提高模型的运算能力，达到性能与速度的较好平衡。这里为增强网络的泛化能力、提高分类效果，对网络加以改进，设计出 GA-BP 网络。

3. 模型训练

对模型加以训练，固化其参数。通过试验对比，验证模型效果。空域规律分析流程如图 7.1 所示。

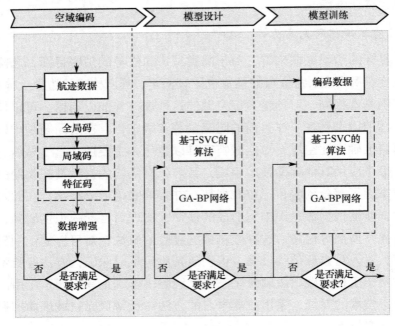

图 7.1　空域规律分析流程

本章同样采用分类分析的方法来挖掘历史航迹数据，形成不同类型目标运动的空域表示，进而通过分类器来区分目标类型。

7.1.3　空域规律分析方法

空域规律分析可以理解成分类问题。机器学习分类算法有很好的应用。在对目标运动空域进行编码映射后，采用 BP 网络、SVM 等机器学习算法对目标运动对应的空域编码进行训练学习，得到能够通过目标运动区域来辅助识别研判的网络模型，使规律固化于模型中。

1. 机器学习

对目标空域规律的挖掘分析需要解决因目标运动轨迹复杂而较难实现人工提取特征的问题，目的是实现规律发现的智能化。而人工智能实现的一个重要途径就是机器学习，机器学习也是最早发展起来的人工智能算法。与传统的基于规则设计的算法不同，机器学习的关键在于从大量数据中找出规律，自动地找出算法所需的参数，从而在实际测试中通过已经训练好的模型来自动完成分类等任务。机器学习算法大致可分为三类：监督学习、无监督学习、强化学习。监督学习可应用于空域规律分析。

2. 监督学习

监督学习是从标记的训练数据来推断一个新样本的类别的机器学习算法。在监督学习中，每个数据实例都由一个输入对象（通常为矢量）和一个期望的输出值（也称为监督信号）组成。监督学习算法通过分析训练数据，产生一个模式，可用于映射出新的实例。也就是说，在监督学习训练过程中，可以由训练数据集学到或建立一个模式，并依此模式推测新的实例。监督学习主要包括神经网络、支持向量机、最近邻、朴素贝叶斯、决策树等。本章采用较为经典的 SVC 及改进的 BP 网络。

7.2　预警目标空域编码及数据处理

预警目标空域规律挖掘分析首先需要大量合适的训练数据。空域编码及数据处理是形成此类数据的关键环节，是预警目标空域规律挖掘分析的基础。

空域编码是一种预警目标空域态势规范化描述方法，旨在从复杂、异构、高维的预警目标航迹数据中提取出关键要素，将其转化为面向智能认知模型的规范化输入，通过将战场环境、预警目标实体、作战任务等的静态属性和时序动态特征进行规范化编码，来有效描述战场态势关键特征，压缩编码长度并降低数据冗余。将预警目标空域态势描述方法应用于智能态势认知模型，对于提高智能认知模型的鲁棒性和适用性具有较强的实用价值。

7.2.1　空域编码研究现状

空域编码是为标定预警目标在某参考系中的坐标而形成的一套编码体系。

1. 地理空间标识

空域编码可参考地理空间标识的相关研究。

地理空间标识主要依据各类坐标系统确定各实体的地理位置。地理空间标识在军用及民用领域有很重要的应用，也取得了很大的发展。

美军在 20 世纪 90 年代初发展出军用平面网格系统，采用网格描述方法对地理空间进行建模，形成了一套参考系统。早期，在地理信息技术领域，研究主要集中在地球表面的平面网格系统上。随着地理信息技术的发展，空间数据量逐渐增多，数据格式愈加复杂，需要建立便于管理地理空间数据的模型。对此，有研究提出了多级网格方法，基本思想是，按不同经纬度将全范围划分为不同层次的网格，通常为 4 层，各层网格在范围上具有上下级关系。每个网格以其中心点的经纬度来确定其地理位置，同时记录与此网格密切相关的基本数据项，坐落在每个网格内的地物对象也记录在网格中心点标识的数据集中，形成了基于网格的地理数据组织管理方法。随着"虚拟地理环境"和"数字地球"概念的提出及相关技术的发展，地理空间网格技术得到了极大的发展，逐渐形成了包括离散全球网格系统、全球四元三角形网格等在内的基于网格的空间数据组织模型。

2. 空域编码的提出

地理空间编码模型实现了对多元海量异构时空数据的有效管理。地理空间网格系统已成为支撑社会活动管理，走向数字空间、信息空间管理的重要工具。但同时我们也应该看到，以上所述的地理空间编码是围绕目标检索、融合、关联等应用设计的，对基于机器学习等人工智能的分析方法来说，存在位置特征较为抽象、人工智能算法较难理解、表示预警目标运动态势时数据量偏大等不足。

本章基于人工智能，特别是机器学习算法的需求，提出一种用于预警目标空域规律分析的空域编码方式，既可以融合现有的成熟空域编码系统（因为基于经纬度进行编码，故该编码可与大多数基于大地坐标系统的地理空间网格编码相互转化），又便于采用人工智能方式对目标的运动规律进行研究，实现防空作战态势生成及其预测等。核心思想：基于大地坐标系统（经纬度），结合目标的高度、时间等特征编码，实现在某一级空域上对目标进行统一格式的表述。该预警目标的空域编码方式可降低对空间目标及其关系表述的复杂度，为基于人工智能的目标运动规律分析及目标识别等奠定坚实的基础。

7.2.2 空域编码方法

本章提出的空域编码由全局码、局域码、特征码组成。

1. 空域编码定义及格式

全局码由目标及其运动区域在全球地理坐标系统中的经纬度构成，标注目标及其运动的地理位置范围，是粗粒度的编码，用向量表示。局域码是对目标及其运动所在区域的细致描述，由标准化的二值矩阵构成，是细粒度的编码。特征码是对目标运动特征（如高度）的编码，可以将其看作局域码的元素。空域编码能够唯一地描述和标定一个目标或目标群及其运动。空域编码的基本格式如图 7.2 所示。

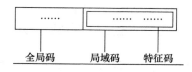

全局码　　局域码　特征码

图 7.2　空域编码的基本格式

空域编码的数学表达式为：$G_4 + R_{n \times n} \cdot F_{n \times n}$。其中，$G$ 为全局码，R 为局域码，F 为特征码，$n \times n$ 为局域码矩阵与特征码矩阵维数，$R_{n \times n} \cdot F_{n \times n}$ 表示局域码矩阵与特征码矩阵对应元素相乘。

2．全局码

分析目标空域规律时需要对目标在某个时间段的所有航迹点进行研究，往往涵盖一片区域。区域用方框来表示较为容易，取目标某个时间段所有航迹点中经纬度的极值点为边界，截取目标运动区域，构建全局码。

基于经纬度整数规则的地球椭球面剖分方法，以度、分、秒整数形式对椭球面空间进行分区划分。此划分方法虽然存在高纬度地区单元严重变形的问题，但对于目标空间位置精准度要求不太高的态势图可视化及目标运动规律分析来说，效果不影响实际应用。

我们设定最小剖分间隔为 1″，对应地球赤道附近的长度约为 30m。此精度满足常规预警雷达情报的精度需求。

全局码示意如图 7.3 所示。

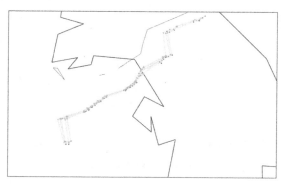

图 7.3　全局码示意

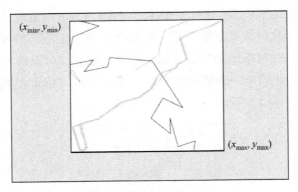

图 7.3　全局码示意（续）

假定目标的航迹为 L，以地球南极点为基准原点，航迹点中经纬度的极值为 $x_{\min}$、$x_{\max}$、$y_{\min}$、$y_{\max}$。截取区域记为 $(x_{\min}, x_{\max}, y_{\min}, y_{\max})$，全局码为 $(x_{\min}, x_{\max}, y_{\min}, y_{\max})$。

3. 局域码

在截取区域 $(x_{\min}, x_{\max}, y_{\min}, y_{\max})$ 后，对该区域进行编码，将其单位化，形成的标准化二值矩阵即局域码。对于原始区域，因为大小不一致、特征维度不一致，所以难以直接使用机器学习等人工智能算法。经过标准化之后，不同目标运动空域转化为同样尺寸的特征矩阵，便于采用分类算法。标准化矩阵的尺寸可以根据需要自由裁定，这里取 50×50。标准化过程类似于图像缩放，因此图像缩放算法在这里也适用。对区域矩阵标准化后，矩阵的行号与列号唯一标识了该网格单元在矩阵中的位置。

局域码示意如图 7.4 所示。

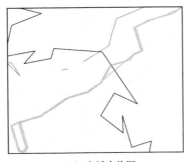

0	0	0	1	1
0	0	0	1	0
0	0	1	0	0
0	1	0	0	0
1	0	0	0	0

(a) 空域态势图　　　　　　　　　　(b) 局域码

图 7.4　局域码示意

当局域码尺寸较大时，常规的编码方式存在标准化矩阵过大且过于稀疏的问题，在采用机器学习算法时，增加了运算复杂度，降低了算法性能。对此，必须采用合适的编码方式降低矩阵的稀疏程度，并且不能影响后期算法的分类效果。本章提出了重现编码、基于位置编码及基于逻辑编码三类编码方式。

（1）重现编码。

重现编码即对空域直接编码，将空域态势简化并映射到稀疏空间。重现编码虽然简单，但标准化矩阵尺寸过大容易稀疏，尺寸过小又会丢失较多目标运动的细节特征，影响后期问题解决效果。其他两类编码针对此问题做了改进。

（2）基于位置编码。

基于位置编码可分为绝对位置编码和相对位置编码。

① 绝对位置编码。其以空域的左上角为起点，按照"之"字形顺序求各空域位置元素与起点的绝对距离，单位为单元格。绝对位置可以理解为空域的索引值。

② 相对位置编码。其以空域的左上角为起点，按照"之"字形顺序求各空域位置元素与上一空域位置元素的绝对距离，单位为单元格。相对位置可以理解为空域索引值的相对差值。

（3）基于逻辑编码。

① 行列索引编码。在目标运动区域，将空域位置元素用空间矩阵的行列值表示，然后将空域位置元素的编码串联起来，形成一个向量。

② 宫格索引编码。在目标运动区域，将空域位置元素用二级宫格索引表示，然后将空域位置元素的编码串联起来，形成一个向量。

所有的编码方式应该统一正北方向，以保证局域码方向的一致性。

4. 特征码

预警目标运动特征包括高度、速度、加速度、爬升率等属性，在对预警目标空域规律的研究中，高度是最重要的特征，故本节主要研究目标的高度特征码。根据基准面的不同，飞行高度可以分成两大类，即几何高度和气压高度。飞机到某一基准面的垂直距离称为飞行高度（Flight Altitude），常用米（m）或英尺（ft）作为计量单位。实际上，根据不同区域的飞行需要，可选择不同的基准面作为测量高度的基准。

在一般情况下，随着高度的增加大气压力会逐渐降低，而且有一定的规律。飞机利用仪表测量大气压力,进而获得的飞行高度数据就是气压高度。由于飞行中可选择的气压基准面不同,气压高度也不同,包括场面气压高度、修正海平面气压高度、标准气压高度。标准气压高度是以标准海平面气压(101.3kPa)为基准面的气压高度。飞行高度层(Flight Level)是以标准海平面气压为基准的等压面,各等压面之间具有规定的气压差。在一般情况下,飞行中的高度表只有在标准海平面气压状态下指示的数值才是准确的,高度表指示的数值称为绝对高度。

特征码示意如图 7.5 所示。

0	0	0	1	1
0	0	0	1	0
0	0	1	0	0
0	1	0	0	0
1	0	0	0	0

(a) 局域码

0	0	0	h	h
0	0	0	h	0
0	0	h	0	0
0	h	0	0	0
h	0	0	0	0

(b) 特征码

图 7.5　特征码示意

7.2.3　空域编码数据处理

机器学习的基础是数据,找到适合预警情报大数据挖掘的有效数据集是解决问题的关键。

"适合预警情报大数据挖掘"有两方面的含义:一是数据标准化,这是数据质量方面的要求;二是数据增强,这是数据量方面的要求。

1. 空域编码数据标准化

空域编码虽然进行了信息整合,但编码后的数据信息仍具有高维、复杂和异构等特点。在基于机器学习的智能认知模型中,需要对输入信息进行标准化处理,以提高智能模型的训练和计算效率。这里采用极值标准化法,将 x_i 数据标准化并放缩到[0,1]内,即

$$x_i = \frac{x_i - m_1}{m_u - m_1 + \delta} \times |U - L| + L \tag{7.1}$$

式中, δ 为一个极小数,用于防止 $m_u = m_1$ 时分母为 0(这里 $\delta = 10^{-6}$); m_u 和

m_1 表示在所有样本中第 i 个维度出现的最大值和最小值；U 和 L 表示编码序列在该维度上的期望上界和期望下界，这里分别取 1 和 0。

经过空域编码及数据标准化，可从高维、复杂、异构的空域数据中实时、高效地提取关键要素并进行编码处理，然后将编码矩阵中的异构数据归一化到统一的度量空间，形成标准输入特征集，即面向机器学习模型的标准输入矩阵。

2. 空域编码数据增强

相较于机器学习所需的成千上万的数据来说，在防空预警实际中所能收集到的目标空域运动数据不足，训练集数据过少容易造成过拟合，导致模型的泛化能力不强，使挖掘学习的规律普适性较低。当前，在缺少大规模历史作战数据支撑的情况下，模型训练主要依托作战推演大数据实现，将对抗生成网络、增强学习和数据挖掘技术等相结合，自主生成训练样本和知识标签。

这里采用图像处理的常用技术对目标空域运动数据进行增强，形成规模更大的数据集，以提高训练模型的适用性。一是通过图像拉伸、变形增强数据；二是通过对图像特征点移位重构等增强数据。对于同一类航迹，首先采取自适应拟合算法提取特征点；其次设置一个邻域，使得该航迹各特征点在设定邻域内随机"浮动"，得到新的特征点集合；最后根据新特征点集合重构形成该类航迹的相似航迹，此相似航迹可以模拟预警目标不同架次运动的偏差。

增强后的航迹数据如图 7.6 所示。

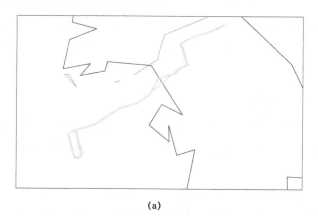

(a)

图 7.6　增强后的航迹数据

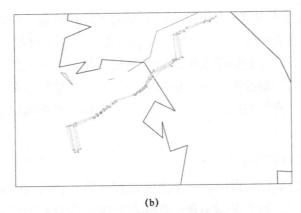

(b)

图 7.6　增强后的航迹数据（续）

　　对于增强后的航迹数据，按照上述方法进行编码，形成可供机器学习的数据集；再将编码后的数据作为输入，将每个码元作为一项特征，通过机器学习实现对目标运动的区分。

7.3　基于分类的预警目标空域规律分析

　　不同的空域中目标运动的规律性不同。基于分类算法，对长期积累的目标航迹数据挖掘分析可以得到目标运动的规律，预警目标空域规律可以辅助识别目标。

7.3.1　基于 SVC 的预警目标空域规律分析

　　SVM 是一种有效的统计学习方法，可自动寻找出对分类有较好区分能力的支持向量，由此构造出的分类器 SVC 可以最大化类与类的间隔，较好地解决小样本、非线性、高维、局部极小点等问题，成为求解模式识别问题的有效工具，较适合在目标空域规律分析领域应用。

1．线性可分 SVC

　　对于编码数据形成的样本集 (x_i, y_i)，$x_i \in \mathbf{R}^m$，$i = 0, 1, 2, \cdots, n$，x_i 和 y_i 分别表示编码样本向量和目标类别标识，m 和 n 分别表示样本特征维数和样本数量。

　　SVC 的实质是找到样本数据的最大间隔超平面 $w^{\mathrm{T}} x + b = 0$。其中，w 是方向向量，b 是偏置量。线性可分 SVC 问题最终可以转化为最优化问题，即

$$\begin{cases} \min_{w} \dfrac{1}{2}\|w\|^2 \\ \text{s.t.}\quad y_i(w^\mathrm{T}x_i+b)\geqslant 1,\ i=1,2,\cdots,n \end{cases} \tag{7.2}$$

构造拉格朗日函数，将其转化为对偶问题，由 SMO 算法求得 w、b，最后得到分类决策函数，即

$$f(x)=\mathrm{sign}(w^\mathrm{T}x+b) \tag{7.3}$$

2. 不完全线性可分 SVC

在实际应用中，存在不完全线性可分的情况。对于不完全线性可分的数据，引入松弛变量，构造软间隔，求其最优分类面。该问题的数学形式为

$$\begin{cases} \min_{w} \dfrac{1}{2}\|w\|^2+C\sum_{i=1}^{n}\varepsilon_i \\ \text{s.t.}\quad y_i(w^\mathrm{T}x_i+b)\geqslant 1-\varepsilon_i,\ \varepsilon_i\geqslant 0,\ i=1,2,\cdots,n \end{cases} \tag{7.4}$$

式中，ε_i 为每个样本点对应的松弛变量；常数 C 为惩罚参数，它控制对错分样本的惩罚程度。经构造拉格朗日函数，其对偶问题变为

$$\begin{cases} \min_{\lambda}\left[\dfrac{1}{2}\sum_{i=1}^{n}\sum_{j=1}^{n}\lambda_i\lambda_j y_i y_j(x_i\cdot x_j)-\sum_{i=1}^{n}\lambda_i\right] \\ \text{s.t.}\quad \sum_{i=1}^{n}\lambda_i y_i=0,\ C\geqslant\lambda_i\geqslant 0,\ i=1,2,\cdots,n \end{cases} \tag{7.5}$$

由 SMO 算法求得最优拉格朗日算子 λ^*，并得到最优分类超平面 $w^*x+b^*=0$，则最优分类函数表达式相应变为

$$\begin{aligned} f(x)&=\mathrm{sign}(w^{*\mathrm{T}}x+b^*)\\ &=\mathrm{sign}\left(\sum_{i=1}^{n}\lambda_i^* y_i(x_i\cdot x)+b^*\right) \end{aligned} \tag{7.6}$$

3. 线性不可分

除线性可分及不完全线性可分外，还有线性不可分的情况。先将在有限维向量空间中线性不可分的样本映射到更高维的向量空间中，再求其支持向量 $w^\mathrm{T}\phi(x)+b=0$。其中，$\phi(x)$ 表示原来的样本点到高维特征空间的映射。

经构造拉格朗日函数，其对偶问题变为

$$\begin{cases} \min_{\lambda}\left[\dfrac{1}{2}\sum_{i=1}^{n}\sum_{j=1}^{n}\lambda_i\lambda_j y_i y_j(\phi(x_i)\cdot\phi(x_j))-\sum_{i=1}^{n}\lambda_i\right] \\ \text{s.t.}\quad \sum_{i=1}^{n}\lambda_i y_i=0,\ C\geqslant\lambda_i\geqslant 0,\ i=1,2,\cdots,n \end{cases} \tag{7.7}$$

引入核函数 $K(x,y) = (\phi(x) \cdot \phi(y))$，在原始样本空间中进行 $K(x,y)$ 计算，避免在高维空间中进行大量的内积计算及寻找 $\phi(x)$ 的显式表达。由 SMO 算法求得最优拉格朗日算子 λ^*，并得到最优分类超平面 $\boldsymbol{w}^*\phi(\boldsymbol{x}) + b^* = 0$，则最优分类函数表达式相应变为

$$
\begin{aligned}
f(\boldsymbol{x}) &= \text{sign}(\boldsymbol{w}^{*\text{T}}\phi(\boldsymbol{x}) + b^*) \\
&= \text{sign}\left(\sum_{i=1}^{n} \lambda_i^* y_i K(\boldsymbol{x}_i \cdot \boldsymbol{x}) + b^*\right)
\end{aligned}
\tag{7.8}
$$

将编码数据形成的样本集 $(\boldsymbol{x}_i, y_i)$ 应用于 SVC，将样本编码的每个码元作为一项特征输入，经过最优解的求解，得到最佳分类超平面，实现目标空域分类。保存训练所得的最佳分类超平面参数，对新出现的位置目标进行分类，从而辅助实现目标识别判性。

7.3.2 基于改进的 BP 网络的预警目标空域规律分析

BP 网络是人工神经网络的一种，由多个神经元组成非线性系统，通过大量数据训练调整权重和阈值，以此来拟合变量间的关系，可广泛应用于回归分类，在模式识别领域应用较多。BP 网络寻优能力强，但易陷入局部最优解。遗传算法（GA）是解决最优化问题的一种搜索算法，全局搜索能力较强。因此，将 GA 和 BP 网络结合起来构建 GA-BP 算法，先用 GA 搜寻最优网络权重和阈值，然后用 BP 网络精确求解，从而实现对目标空域的辅助识别。

1. BP 网络

BP 网络是基于误差反向传播的算法，实质是误差最小问题，通过模式前向传播和误差反向传播，迭代进行网络训练，直到模型收敛或达到误差设定阈值。本书采用 Python 软件构建 GA-BP 网络，以均方误差（MSE）作为目标函数。

$$
\text{MSE} = \frac{1}{n}\sum_{i=1}^{n}\left|\tilde{Y}_i - Y_i\right|
\tag{7.9}
$$

式中，Y_i 为目标期望值；$\tilde{Y}_i$ 为神经网络预测值。

构造 BP 网络模型，编码长度等于输入层节点数目，隐藏层节点数目为输入层节点数目的 2 倍，输出层节点数目为 1（见图 7.7）。

2. GA-BP 网络

遗传算法（GA）首先在潜在解中建立一个初始种群，根据适应度择优"杂交"突变后遗传得到下一代种群，不断重复进化直到满足要求的、具有

最大适应度的个体出现。在 GA-BP 网络中,以 MSE 的倒数作为适应度函数,通过 GA 得到适应度最大的权重和阈值,将其作为 BP 网络的初始值。算法步骤如下。

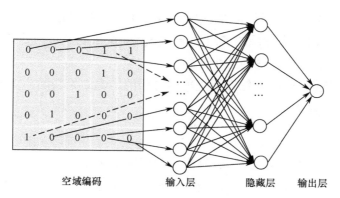

空域编码　　　　　输入层　　　隐藏层　　输出层

图 7.7　BP 网络模型

步骤 1:种群初始化。个体基因编码为 BP 网络初始值对,包括各层的权重和阈值,设定种群规模为 m。

步骤 2:计算个体适应度。根据个体基因编码对应的 BP 网络权重和阈值,以及前向算法计算各层节点输出,根据式(7.9)计算 MSE 并求倒数,得出该个体的适应度。

步骤 3:选择。按照适者生存的原则,根据初始种群中所有个体的适应度,采用轮盘赌法,以较大概率选择其中适应度高的个体,形成新的种群。

步骤 4:交叉。根据既定交叉概率进行交叉,重组形成更优秀的个体基因。

步骤 5:变异。先随机选取个体,根据既定变异概率决定是否变异,以期增加个体基因活力。

步骤 6:根据既定迭代次数,重复步骤 2~步骤 5,保存最优个体基因,作为 BP 网络的初始权重和阈值。

至此,可以使用确定了最优初始权重和阈值的 BP 网络进行预警目标空域数据的训练与预测。

7.3.3　两种方法比较

学习能力与泛化能力是机器学习算法性能的两个最重要的评价指标,它们是评定模型是否适合问题求解的一种很好的标准。

1. 学习能力

神经网络是基于传统统计学的。传统统计学研究的是样本无穷大时的渐进理论，即当样本数据趋于无穷多时的统计性质，而实际问题中样本数据往往是有限的。因此，假设样本数据无穷多，并以此推导出的各种算法很难在样本数据有限时取得理想的应用效果。支持向量机则是基于统计学理论的，可以克服神经网络难以避免的问题。

支持向量机与 BP 网络在逼近能力方面的仿真结果表明，支持向量机具有较强的逼近能力。

2. 泛化能力

神经网络是个"黑匣子"，基于经验风险最小化原则，易陷入局部最优解，训练结果不太稳定，一般需要大样本，在小样本时模型泛化能力不足，分类效果受影响。另外，神经网络对模型参数设置有依赖性，配置网络初始参数是较为麻烦的问题，采用遗传算法对神经网络进行优化虽然提高了算法性能，但运算量大幅增加，具有比支持向量机更多的时间开销。

支持向量机有严格的理论和数学基础，基于结构风险最小化原则，泛化能力优于神经网络，算法具有全局最优性，适合小样本数据集，其受数据样本规模影响较小，算法泛化能力较强。

目前来看，在目标空域规律研究中，支持向量机的应用效果较好。

7.4 两类分类分析算法试验验证

本节主要对基于 SVC 和 BP 网络的预警目标空域规律这两类分类分析算法的效果进行试验验证。

7.4.1 试验环境及数据生成

1. 试验环境

32 位 Windows 7 系统，3.6GHz CPU，8GB 内存，用 Python 语言编程，采用 TensorFlow 框架（CPU 版本）实现。

2. 编码情况

试验选取我国环渤海、黄海、东海周边区域空域内两类典型预警目标为研究对象，按照本书提出的编码算法，根据两类目标及其运动区域在全球地理坐标中的经纬度，构建其全局码、局域码，并根据目标高度特征构建特征码，最终形成两类目标的空域编码，它们能够唯一地描述和标定两类目标及其运动。

3. 数据增强情况

为防止过拟合，对每条航迹的特征点进行移位重构，特征点移位采取随机偏移的方式，偏移量为 1～10km。对移位后的特征点进行重新连接，重构形成新的航迹。模拟航迹图像如图 7.8 所示，经过与真实航迹的比较，可以看出航迹模拟较为逼真。经过移位重构并转化，共形成了 2 万张图像，每类目标航迹 1 万张图像。将这些图像数据划分为训练集及测试集，其中，训练集有 1.6 万个样例，测试集有 0.4 万个样例。

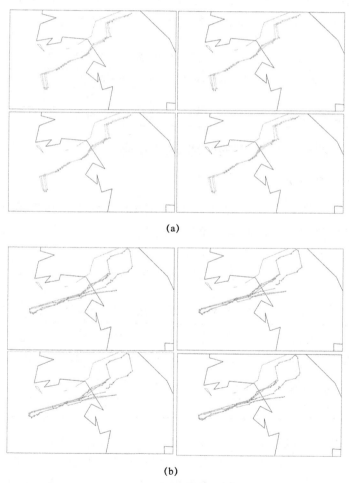

(a)

(b)

图 7.8　模拟航迹图像

局域码编码尺寸统一为 20×20。

7.4.2 基于 SVC 的空域分类效果

SVC 参数设置采用线性核函数。

在对拥有 1000 张图像的数据集训练时，模型的识别准确率为 97.53%。在对拥有 20000 张图像的数据集训练时，模型的识别准确率为 98.01%，提高得不多。这证明增强的数据集对目标识别有一定的效果，但同时，训练集的增大带来了模型收敛速度的降低，需要更多的时间及资源，这和数据集增大的程度不成比例。这主要和 SVC 算法本身的性质有关，SVC 算法以寻求最佳分类超平面为终极目标，最佳分类超平面由支持向量组成，和分布的数据集中支持向量与数据规模没有必然联系。从以上试验可以看出，数据集规模的变化对 SVC 分类效果并没有明显的影响（见表 7.1）。

表 7.1 不同规模数据集 SVC 分类效果对比情况

数　据　集	耗时（ms）	准确率（%）	备　　注
1000 张图像数据集	180	97.53	
20000 张图像数据集	1000	98.01	

7.4.3 基于 BP 网络的空域分类效果

1. BP 网络效果

BP 网络参数设置：三层结构，输入层 F1 共有 404 个神经元，隐藏层 F2 共有 500 个神经元，输出层 F3 共有 1 个神经元，F2、F3 层分别使用 ReLU 激活函数。训练迭代次数设为 1000 次。

表 7.2 中列出了不同规模数据集 BP 网络分类效果对比情况。

表 7.2 不同规模数据集 BP 网络分类效果对比情况

数　据　集	耗时（s）	准确率（%）	备　　注
1000 张图像数据集	2	92.37	
10000 张图像数据集	18	94.12	
20000 张图像数据集	30	97.31	全局最优
20000 张图像数据集	30	95.10	局部最优

从表 7.2 中可以看出，随着数据集规模的增大，训练耗时增加，准确率逐步提高，但当采用同规模数据集时，出现了准确率变化较大的情况。这说明，BP 网络对数据集规模的依赖较为严重，并且表现不稳定，容易陷入局部最优解，这是 BP 网络的缺陷，与初始权值和阈值的设置有关系。

2. GA-BP 网络效果

GA-BP 网络参数设置：同 BP 网络。将 GA 优化迭代次数设为 30 次，采取轮盘赌法。

表 7.3 中列出了不同规模数据集 GA-BP 网络分类效果对比情况。

表 7.3　GA-BP 网络分类效果对比情况

数 据 集	耗时（s）	准确率（%）	备　注
1000 张图像数据集	21	93.24	
10000 张图像数据集	179	97.25	
20000 张图像数据集	289	99.12	全局最优
20000 张图像数据集	294	99.10	全局最优

从表 7.3 中可以看出，随着数据集规模的增大，训练耗时增加，准确率逐步提高，相比 BP 网络，GA-BP 网络耗时成倍增加，这是因为 GA 搜索耗时严重。采用相同规模数据集时，准确率变化不大，且相比 BP 网络有所提高。这说明 GA-BP 网络表现稳定，能够有效避免陷入局部最优解，能够搜索得到较好的初始权值和阈值。

7.4.4　编码方式对分类效果的影响

为检验 7.4.1 节的编码方式对分类结果的影响程度，进行仿真试验。试验共选取三类目标的空域数据，训练样本数量分别设置为 50、500、5000，分类效果如表 7.4、表 7.5 所示。

表 7.4　采用不同编码方式时 GA-BP 网络分类效果

训练样本数量	分类精度（%）			
	绝 对 位 置	相 对 位 置	行 列 索 引	宫 格 索 引
50	0.81	0.66	0.94	0.91
	0.66	0.62	0.90	0.74
	1.00	1.00	1.00	1.00
500	1.00	1.00	1.00	0.94
	1.00	1.00	1.00	0.86
	1.00	1.00	1.00	1.00
5000	1.00	1.00	1.00	1.00
	1.00	1.00	1.00	0.99
	1.00	1.00	1.00	1.00

表 7.5   采用不同编码方式时 SVC 分类效果

训练样本数量	分类精度（%）			
	绝 对 位 置	相 对 位 置	行 列 索 引	宫 格 索 引
50	1.00	1.00	0.99	1.00
	1.00	1.00	0.96	0.92
	1.00	1.00	1.00	1.00
500	1.00	1.00	1.00	1.00
	1.00	1.00	1.00	1.00
	1.00	1.00	1.00	1.00
5000	1.00	1.00	1.00	1.00
	1.00	1.00	1.00	1.00
	1.00	1.00	1.00	1.00

从表 7.4、表 7.5 中可以看出，基于位置和逻辑的编码效果比较好，解决了编码稀疏性和有效性相冲突的问题。

基于位置的编码方式总体上略强于基于逻辑的编码方式，这是因为基于逻辑的编码方式更多地从便于检索的角度考虑问题，对目标运动的空间关系描述不够具体。

在数据量较少时，SVC 分类效果强于 GA-BP 网络，这是支持向量机的固有属性造成的。SVC 通过找到各类型的支持向量来实现分类，与数据规模关系不大，对数据样本数量变化不敏感；而 GA-BP 网络较依赖数据规模，在每类数据的样本数量为 50 时，分类效果不稳定。

7.5   本章小结

本章以预警目标空域规律分析为主要内容，研究了几类空域编码方法，以及基于 SVC 及 GA-BP 网络的空域规律分析算法；重点讨论了空域编码实现、训练数据集的生成、网络模型的构建；最后进行了试验，验证了算法的有效性，即算法可以在预警目标识别判性方面发挥辅助作用。

相较于人工分析，基于 SVC 及 GA-BP 网络等机器学习算法的预警目标空域规律分析有以下优势：一是可以充分利用雷达的航迹数据，将大量的历史数据盘活，发挥大数据技术的优势，从大量的历史航迹数据中挖掘出有用的信息；二是可以实现对目标的智能辅助判性，发挥计算机的优势，使计算机成为人工分析的有力补充；三是将目标的识别概率量化表示出来，消除了人工对目标的模糊判断现象，使抽象变得具体，辅助指挥员进行决策。

第 8 章

预警目标关联关系智能分析算法

    预警目标关联关系是指各目标活动事件之间的因果、制约等关系，是预警目标活动规律的重要体现。采用人工方式对预警目标活动历史数据挖掘分析存在处理速度慢、准确率低的问题，尤其是在面对大量数据时，亟待采用智能化的方式从大量历史数据中挖掘分析预警目标关联关系。

    本章首先对预警目标关联关系进行业务理解，厘清关联关系挖掘分析的基本概念，然后从关联共现模式及关联序列模式两个方面进行分析。关联共现模式采用 Apriori 算法、FP-Growth 算法，关联序列模式采用 GSP 算法、PrefixSpan 算法。关联分析得到预警目标与其他关联因素的频繁项集和强关联规则，可辅助预警目标研判识别及活动预测等。

8.1　关联关系规律分析概述

    预警目标关联关系是预警目标活动规律的重要内容。各种关联关系挖掘分析算法是实现预警目标关联关系挖掘分析的重要工具和手段。

8.1.1　关联关系挖掘分析内容

    预警目标关联关系主要描述目标与目标之间，以及目标与社会活动、军事行动、天气环境等因素之间的关系，寻找隐藏在它们之间的关联关系，搜寻它们之间的关联模式。这些关系往往隐藏在大量的数据之中，是难以直接判别的，需要通过数据挖掘来寻找。但这些关系和规则所代表的模式，往往反映了目标活动的某些规律，对防空预警及防空作战具有巨大的意义。

    预警目标活动往往与其他型号目标、社会活动、军事行动、天气环境等因素的关联度比较高，如目标的伴随护航、加油、干扰，重大社会活动及军事演习时敌对国家空中侦察，一些特殊气象现象及季节性的大型鸟类迁徙活动等。对预警目标尤其是非合作目标的关联因素挖掘，可以更好地对其活动规律、运动趋势等进行预测，起到辅助指挥员决策、指导空中防御的作用。

预警目标关联关系可分为关联共现模式和关联序列模式。前者主要表示同一时刻各预警目标之间的关联关系，后者主要表示预警目标时序数据体现出的关联关系。

8.1.2　关联关系挖掘分析方法

大数据、人工智能等新技术的发展为预警目标活动规律挖掘分析提供了新契机。关联关系挖掘分析是大数据挖掘分析方法之一，主要用于挖掘分析数据中蕴含的关联关系。

1.　关联关系挖掘分析算法

关联关系挖掘分析主要包括关联共现模式挖掘分析和关联序列模式挖掘分析。关联共现模式挖掘分析是对同时出现的事件间存在的关联关系的分析研究，强调同时出现关系，主要研究在同一片空域同时出现的预警目标及其他因素间的关联关系，如飞机的加油、护航、伴随电子干扰及当时的天气状况等。关联序列模式挖掘分析是指对在时间或空间上存在排序的关联关系的分析研究，主要研究在同一片空域中按时间先后顺序出现的预警目标及其他因素间的关联关系，如战机出动的先后顺序、飞行战术、飞机性能等规律。

常用的关联共现模式挖掘分析算法主要有 Apriori 算法、FP-Growth 算法、AprioriAll 算法、AprioriSome 算法等，关联序列模式挖掘分析算法主要有 GSP 算法、FreeSpan 算法、SPADE 算法、PrefixSpan 算法等。本章选择较为经典的 Apriori 算法、FP-Growth 算法、GSP 算法及 PrefixSpan 算法用于预警目标关联关系的挖掘分析。

2.　数据项属性离散化方法

在关联关系挖掘分析算法中，事务数据项属性离散化是事务数据集建立的基础，是关联关系挖掘分析必不可少的环节。目前，连续属性离散化常用的方法有凭经验将量化属性转化为有序类别属性、等频离散、等宽离散、聚类离散、基于熵的离散等。凭经验将量化属性转化为有序类别属性、等频离散、等宽离散较为简单，但需要人为地指定离散区间的个数或宽度，并未考虑数据本身的特点，缺点较为明显。

在预警情报分析中，由于数据多源异构，因此对情报数据的预处理必不可少，本章改进了基于熵的连续属性离散化方法，使其能够自适应选择区间，为关联关系挖掘分析打下良好的基础。

8.1.3　关联关系挖掘分析基础概念

关联关系挖掘分析也称关联分析，就是在关系数据、交易数据或其他信息载体中，查找存在于项目集合或对象集合之间的频繁模式、关联关系或因果结构。

关联分析可从大量历史数据中挖掘分析出"某些事件的发生引起另一些事件的发生"之类的关联规则。对预警目标活动而言，此类关联关系有较多的例子：轰炸机活动一般都会有战斗机护航，同时还可能有加油机、电子干扰机等伴随飞行；侦察行动不单有侦察机出动，一般也会有电子干扰机、加油机、护航机等伴随飞行。研究这些不同目标的关联共现关系，有助于了解、掌握预警目标编队组成、任务目的、威胁等级等。防空预警部队在长期的战备值勤中积累了大量的空情历史数据，其他如气象、电抗、技侦等情报部门也掌握着大量与之相关的历史数据，形成了可供挖掘分析的原始数据集。通过挖掘分析，我们可以得到非合作目标活动的关联因素，掌握活动规律，并以此来指导各种反制行动，包括调查取证、拦截驱逐等。

1. 关联共现模式挖掘分析基础概念

结合表 8.1 中所列出的部分试验数据，对预警目标关联共现模式相关概念说明如下。

表 8.1　关联共现模式试验数据

Sid	日降雨量	日本	中　国		美　国	政治活动	…	行动内容
			大 陆 地 区	台 湾 地 区				
1	85mm	F15	Y 型飞机	F16			…	演习一
2	46mm		X 型飞机	IDF			…	演习一
3	11mm	F15	Y 型飞机		"全球鹰"		…	演习二
4	23mm	F15	Y 型飞机	F16	"全球鹰"	国庆		…

注：Sid 为事务的唯一标识符。

（1）项：试验数据中一个实体活动即一项，也称为事件，如美国"全球鹰"、日本 F15、中国台湾地区 F16 等。

（2）事务：一个事务表示一次行动所涉及的各方所有活动的总和。例如，围绕一次美国"全球鹰"侦察活动的日本、中国各型战机的活动，以及当时的天气及政治活动等。一个事务 T 是一个项集，每个事务均有一个唯一标识符 Sid。所有事务一起组成了关联关系挖掘分析的数据集。

（3）项集：包含零个或多个项的集合称为项集，如{美国"全球鹰"，日本 F15}。

（4）k 项集：包含 k 个项的集合称为 k 项集。例如，{美国"全球鹰"}称为 1 项集，{美国"全球鹰"，日本 F15}称为 2 项集。

（5）支持度计数：也称为项集的频度，指包含项集的事务数。例如，{日本 F15，美国"全球鹰"}出现在 Sid 为 3、Sid 为 4 的事务中，所以它的支持度计数是 2。

（6）支持度（Support）：关联规则是形如 $A \Rightarrow B$ 的蕴涵式，其中，A、B 均为非空的项集，而 $A \cap B$ 为空。关联规则 $A \Rightarrow B$ 的支持度 Support = $P(AB)$，指事件 A 和事件 B 同时发生的概率，等于支持度计数与总事务数之比。例如，表 8.1 中所列出的总事务数为 4，项集{日本 F15，美国"全球鹰"}的支持度计数为 2，所以它的支持度是 50%，说明在 50%的空情事务中出现了日本 F15、美国"全球鹰"。

（7）频繁项集：支持度大于或等于某个阈值的项集就称为频繁项集。例如，当阈值设为 30%时，因为项集{日本 F15，美国"全球鹰"}的支持度是 50%，所以它是频繁项集。

（8）右件（RHS）和左件（LHS）：对于规则{日本 F15 } $\Rightarrow$ {美国"全球鹰"}，{日本 F15 }称为左件（也称为前件），{美国"全球鹰"}称为右件（也称为后件）。

（9）置信度（Confidence）：关联规则 $A \Rightarrow B$ 的置信度指的是在发生事件 A 的基础上发生事件 B 的概率。计算式为 Confidence = $P(B|A)$ = $P(AB)/P(A)$。

对于规则{中国大陆地区 Y 型飞机} $\Rightarrow$ {日本 F15}，项集{中国大陆地区 Y 型飞机，日本 F15}的支持度计数除以{日本 F15}的支持度计数为该规则置信度，为 3÷3=100%，说明中国大陆地区 Y 型飞机出动 100%会引来日本 F15。

（10）强关联规则：大于或等于最小支持度与最小置信度阈值的关联规则。关联分析的目标是找出强关联规则。

2. 关联序列模式挖掘分析基础概念

一段时间内相关联的事务序列组成序列数据集，试验数据如表 8.2 所示，结合表 8.2 对预警目标关联序列模式相关概念说明如下。

表 8.2　关联序列模式试验数据

Sid	Tid	事件
1	5	敌加油机，敌侦察机
	10	敌 X 型战斗机，敌 Y 型战斗机，敌加油机
	15	敌 X 型战斗机，敌 Y 型战斗机，我 J 型战斗机
	20	敌 X 型战斗机，敌加油机，敌侦察机，我 J 型战斗机
2	15	敌 X 型战斗机，敌 Y 型战斗机，我 J 型战斗机
	20	我演习
3	20	敌 X 型战斗机，敌 Y 型战斗机，我 J 型战斗机
4	10	敌侦察机，我 K 型战斗机，敌脱离
	15	敌 Y 型战斗机，我 J 型战斗机
	20	敌 X 型战斗机，我 K 型战斗机，我 J 型战斗机

注：Sid 为事务的唯一标识符，Tid 为元素序列标识符。

（1）序列：元素（Element）的有序列表，可以记作 $S=(e_1,e_2,\cdots,e_n)$，其中，e_i 是多个事件的集合。这里的元素即项集，事件即项。序列的每个元素都与一个时间戳相关联。

例如，表 8.2 中 Sid 为 2 的事务（记录）就是一个序列，其可以表示为

<{敌 X 型战斗机，敌 Y 型战斗机，我 J 型战斗机} {我演习}>

序列可以用它的长度和出现时间刻画，序列的长度对应于出现在序列中的元素个数，k 序列是包含 k 个事件的序列。在上面例子中，序列包含 2 个元素和 4 个事件。

（2）序列 S 的支持度：包含 S 的所有序列在整个数据库中所占的比例。

例如，表 8.2 中 1 序列{敌侦察机}的支持度计数为 2。

（3）序列模式：如果序列 S 的支持度大于或等于用户指定的阈值，则称 S 是一个序列模式（或频繁序列）。

例如，表 8.2 中将支持度计数阈值设为 2，1 序列{敌侦察机}就是其中一个序列模式。

（4）序列模式发现：给定数据集 D 和用户指定的最小支持度阈值 minsup，序列模式发现的任务是找出支持度大于或等于 minsup 的所有序列。

8.2　事务数据集构建

构建数据集是关联分析的第一步。通过网络爬取天气、政治、社会活动等数据，再将其他格式化情报数据组合，形成包含大量事务，以及拥有机场

日降雨量、政治活动、军事行动等多项属性的原始数据集。经数据清洗、属性映射，构建起适合关联分析的事务数据集。

8.2.1 事务数据集构建流程

1. 数据清洗

大多数关联规则挖掘分析算法都只针对布尔型数据，故一般将事务数据集用 0-1 二值矩阵表示。同时，数据集中还应包含一些扩展的附加事务信息，如事务 ID、时间戳等，这些附加事务信息有助于分析数据集。在构建事务数据集 0-1 二值矩阵时，会面临存在一些异常数据、异常属性、空缺值等问题，这时就需要进行数据清洗了。

对于数据集中的异常数据，常凭借领域专家的经验，辅以可视化等手段发现异常值并加以剔除，如通过可视化方法探查矩阵结构并找出异常。

图 8.1 是 0-1 二值矩阵可视化展示，黑点表示矩阵中的 1 值。从图 8.1 中可看出数据集中的项分布不规律，那些明显过于稠密的区域表明事务包含的项过多，可能存在问题，这些问题可能发生在数据收集环节，需要对其进一步观察，在必要时可剔除这些事务。

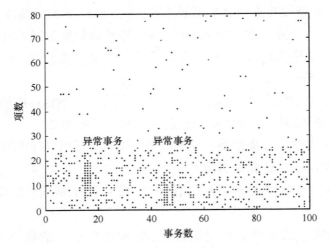

图 8.1 0-1 二值矩阵可视化展示

对数据集中某个连续属性异常值的判别与剔除常用统计识别法，这里采用格拉布斯准则方法。首先，由连续属性所有测量值求得标准差 s 和残差 Δ，满足条件 $|\Delta|/s > g(n)$ 的测量值为异常值，其中 $g(n)$ 为临界系数；在删除异常值后，重新按上述方法递归计算，直到将所有异常值剔除。

数据集中某个属性的空缺值填充主要针对类别属性与量化属性两类项值。对于类别属性，根据具体场景统一设置一个数值来填充，二值类别属性空缺值通常设置为 0。对于连续量化属性，不能简单地将其设置为 0 或 1，而应根据数据变化规律来填充合适的值，这里采用经典的多项式插值法。

2. 属性映射

在关联关系挖掘分析中，连续属性不可以用简单的是与非来刻画。例如，在不同的事务中，机场日降雨量项的属性取值为连续取值。Apriori 算法、FP-Growth 算法等关联关系算法要求数据为二值数据形式，因此需要将原始数据中连续属性映射为类别属性。

完成属性映射后，将每个拥有 k 个区间的类别属性用 k 个二值伪属性表示，这些伪属性相当于在数据集中增加了 k 个二值属性的项。至此，事务数据的二值矩阵正式构建完成（见表 8.3）。

表 8.3　事务数据的二值矩阵

Sid	轻度降雨	中度降雨	强度降雨	日本 F15	中国台湾地区 F16	中国台湾地区 IDF	中国大陆地区 X 型飞机	中国大陆地区 Y 型飞机	美国 "全球鹰"	国庆	...	演习一	演习二
1	0	0	1	1	1	0	1	0	0	0	...	1	0
2	0	1	0	0	0	1	1	0	0	0	...	1	0
3	1	0	1	0	0	0	0	1	1	0	...	0	1
⋮	⋮	⋮	⋮	⋮	⋮	⋮	⋮	⋮	⋮	⋮	⋮	⋮	⋮
m	1	0	0	1	1	1	0	1	1	1	...	0	0

8.2.2　连续属性离散化

属性映射要求将连续属性映射为二值数据，这实质上是连续属性的离散化过程。连续属性离散化的基本思想是，按照一定的策略将连续属性值域划分为多个区间，从而完成连续变量向离散变量的映射。本书在上述思想的基础上，改进了基于熵的算法，在计算得到指定的区间数后，计算每一步的熵累计损失率，即原始熵与此刻熵的差值除以步数，将熵累计损失率最小时对应的区间划分为最佳映射区间，使得算法能够自动选取最优离散区间。具体步骤如下。

步骤 1：为连续属性值划分初始区间，计算熵：

$$H_{m_0} = -\sum_{i=1}^{m_0} p_i \times \log_2 p_i \qquad (8.1)$$

式中，m_0 为初始区间数；i 为区间序号；p_i 为属性值落入 i 区间的概率，此处即频率。

步骤 2：选取相邻区间两两组合，选取熵损失最小的组合作为新的区间，计算此时的熵。

步骤 3：计算熵累计损失率：

$$R_{h1} = (H_{m_0} - H_{m_n}) / (m_0 - m_n) \qquad (8.2)$$

式中，m_n 为指定区间数；H_{m_n} 为此刻对应的熵。

步骤 4：重复步骤 2、步骤 3，选取熵累计损失率最小的区间作为连续属性最佳映射区间。

算法流程如图 8.2 所示。

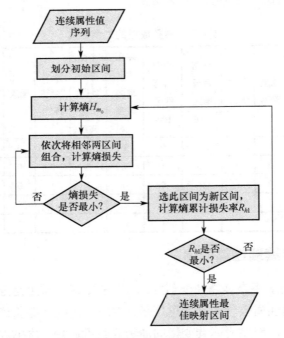

图 8.2　算法流程

对机场日降雨量采用自适应连续属性离散化算法得到小于 29mm、29～46mm、大于 46mm 三个区间，记为轻度、中度和强度三个类别。

完成连续属性离散化后，将每个拥有 k 个区间的类别属性用 k 个二值伪属性表示，这些伪属性相当于在数据集中增加了 k 个二值属性的项，如表 8.3 所示。至此，事务数据的二值矩阵正式构建完成。

8.3　基于关联规则的预警目标关联关系分析

获取关联规则的目的在于找出数据集中数据项之间的关系。从关联共现模式及关联序列模式两个方面，本节基于 Apriori 算法、FP-Growth 算法、GSP 算法、PrefixSpan 算法，对事务数据集进行挖掘分析，得到频繁项集及强关联规则。

8.3.1　基于 Apriori 算法的频繁项集挖掘分析

Apriori 算法是一种常用的挖掘强关联规则的算法。它的核心是基于两阶段频繁项集思想的递推算法。首先找出所有频繁项集，然后由频繁项集产生强关联规则。

找出所有频繁项集的步骤如下。

扫描所有事务，生成候选 1 项集 C_1；再根据最小支持度阈值从 C_1 中选择满足的项，即得到频繁 1 项集 L_1。

对 L_1 的自连接所生成的集合剪枝，产生候选 2 项集 C_2，扫描所有事务，根据最小支持度阈值从 C_2 中筛选满足的项，即得到频繁 2 项集 L_2。

对 L_2 的自连接所生成的集合剪枝，产生候选 3 项集 C_3，扫描所有事务，根据最小支持度阈值从 C_3 中筛选满足的项，即得到频繁 3 项集 L_3。

以此类推，对 $L_{(k-1)}$ 迭代操作获得频繁 k 项集。

对表 8.3 中所列出的事务寻找频繁项集，设置最小支持度阈值为 0.3，最终可得到频繁 4 项集{轻度降雨，中国大陆地区 Y 型飞机，美国"全球鹰"，日本 F15}，其支持度为 0.5。

由频繁项集产生强关联规则的步骤如下。

对于每个频繁项集 L_n，产生其所有非空子集（频繁项集）。对于 L_n 的每个非空子集 A，如果

$$\frac{\text{support}(L_n)}{\text{support}(A)} \geqslant \text{min\_conf} \tag{8.3}$$

则输出强关联规则 $A \Rightarrow (L_n - A)$。在式（8.3）中，min_conf 为最小支持度阈值。

对迭代得到的频繁项集{轻度降雨，中国大陆地区 Y 型飞机，美国"全球鹰"，日本 F15}，设置最小支持度阈值 0.8，可得 4 条强关联规则：

{轻度降雨，中国大陆地区 Y 型飞机，美国"全球鹰"} $\Rightarrow$ {日本 F15}；

{轻度降雨，日本 F15，美国"全球鹰"} $\Rightarrow$ {中国大陆地区 Y 型飞机}；

{轻度降雨，中国大陆地区 Y 型飞机，日本 F15} ⇒ {美国"全球鹰"}；

{美国"全球鹰"，中国大陆地区 Y 型飞机，日本 F15} ⇒ {轻度降雨}。

8.3.2 基于 FP-Growth 算法的频繁项集挖掘分析

针对 Apriori 算法在运行过程中产生大量候选项集影响运行速度的缺陷，韩家炜等提出了 FP-Tree 的改进算法 FP-Growth 算法，使得关联规则挖掘效率有了很大提高。

FP-Growth 算法是一个不产生候选项集的挖掘频繁项集的算法。它采用分而治之的思想，在经过 2 遍扫描之后，把数据库中的频繁项集压缩进一个频繁模式树（FP-Tree），同时依然保留其中的关联信息，随后再将 FP-Tree 分化成一些条件子树。每个条件子树和一个长度为 1 的频繁项集相关，然后对这些条件子树分别进行挖掘。

算法步骤如下。

第一步：扫描事务数据集 D，得到频繁项为 1 的项集，根据预先定义的最小支持度阈值，筛剪那些小于阈值的项，然后将数据集 D 中的项降序排列。

第二步：进行第二次扫描，创建项头表，建立 FP-Tree。创建根节点，将其标记为"null"，选择 D 中的每个事务的频繁项，并按 L 中的次序排列。

第三步：挖掘频繁项集。从长度为 1 的频繁模式开始，构造条件模式基，然后构造条件 FP-Tree，再递归地在该树上挖掘，模式增长通过后缀模式与条件 FP-Tree 产生的频繁模式连接实现。

FP-Growth 算法将发现长模式的问题转换成递归发现一些短模式，然后连接后缀。它使用最不频繁的项作为后缀。该方法大大降低了搜索开销。

对表 8.3 中所列出的事务寻找频繁项集，将最小支持度阈值设置为 0.3，同样得到频繁 4 项集：{轻度降雨，中国大陆地区 Y 型飞机，美国"全球鹰"，日本 F15}，其支持度为 0.5。

8.3.3 基于 GSP 算法的频繁项集挖掘分析

GSP 算法其实就是一个类 Apriori 算法，它用于挖掘寻找关联序列频繁模式，与 Apriori 算法相比，GSP 算法加入了垂直列表数据库和哈希树概念，并且依旧使用连接步、剪枝步完成计算。

算法步骤如下。

第一步：候选生成，计算数据集中每个项的所有支持度。

第二步：剪枝，删除频率小于最小支持度阈值的元素。

第三步：合并项目并创建 $k+1$ 元素序列（k 是迭代次数）。

重复执行第二步和第三步，直到没有新的项集被创建。

对表 8.2 中所列出的事务寻找频繁项集，设置最小支持度计数为 2，最终可得频繁 4 项集：

<{敌 Y 型侦察机} ⇒ {敌 Y 型战斗机，我 J 型战斗机} ⇒ {敌 X 型战斗机}>

其支持度计数为 2。

在 GSP 算法中，需要注意下面几点。

（1）关于频繁项的选择。GSP 算法和 Apriori 算法的不同之处在于：在 Apriori 算法中频繁项集的选择是无序的，而在 GSP 算法中频繁项集的选择是有序的。例如，对于 $A=(a,b)$，$B=(b,a)$，在 GSP 算法中，A、B 是两个频繁项集；而在 Apriori 算法中，A、B 是同一个频繁项集。

（2）序列自连接定义。对于序列 S_1 和 S_2，如果序列 S_1 去掉第一项与序列 S_2 去掉最后一项得到的序列相同，那么序列 S_1 和 S_2 就是可以连接的。把序列 S_2 的最后一项加入序列 S_1 中，得到一个新的连接，即可以作为序列 S_1 和 S_2 连接的结果。

（3）GSP 算法的剪枝条件。GSP 算法与 Apriori 算法的剪枝条件相同：① 如果序列的支持度小于最小支持度阈值，那么就会被剪枝；② 如果序列是频繁序列，则它的所有子序列必定是频繁序列，如果一个序列存在不是频繁序列的子序列就会被剪枝。

8.3.4　基于 PrefixSpan 算法的频繁项集挖掘分析

前缀投影的模式挖掘（Prefix-Projected Pattern Growth，PrefixSpan）算法是基于"模式增长"的一种序列模式挖掘算法。它不需要候选序列生成，而是递归地创建"投影数据集"，将它们的搜索空间缩小到更小的分区中。

在 PrefixSpan 算法中，"前缀"就是序列数据前面部分的子序列。"前缀投影"即后缀。前缀加上后缀就可以构成一个序列。相同前缀对应的所有后缀的集合称为前缀对应的"投影数据集"。

PrefixSpan 算法的目的是挖掘出满足最小支持度阈值的频繁序列，与 Apriori 算法类似，它从长度为 1 的前缀开始挖掘序列模式，搜索对应的前缀投影数据集，得到长度为 1 的前缀所对应的频繁序列，然后递归地挖掘长度为 2 的前缀所对应的频繁序列，以此类推。直到某个前缀投影数据集为空时结束。

算法步骤如下。

第一步：扫描整个数据集，求出每个项在记录（项集或事务）中出现的次数，得到频繁项，将小于最小支持度阈值的项从数据集中删除，得到新的数据集。

第二步：对于新的数据集，依次以第一步所得到的频繁项为前缀，求其前缀投影，得到所有频繁项前缀投影数据集。

第三步：扫描每个频繁项前缀投影数据集，递归得到各分支频繁项及频繁项前缀投影数据集。

第四步：如果前缀投影数据集为空，则该分支递归结束，返回该分支并统计此分支的频繁序列。

第五步：当所有分支前缀投影数据集皆为空时，将所有满足支持度要求的频繁序列集输出。

对表 8.3 中所列出的事务寻找频繁项集，设置最小支持度计数为 2，同样可得到频繁 4 项集：

<{敌侦察机} ⟹ {敌 Y 型战斗机，我 J 型战斗机} ⟹ {敌 X 型战斗机}>

其支持度计数亦为 2。

8.3.5　几种方法比较

关联共现模式与关联序列模式挖掘算法众多。与关联共现模式挖掘算法相比较，关联序列模式挖掘算法复杂得多。由于加入了时间序列的概念，关联序列模式挖掘算法时间复杂度大大增加。

（1）Apriori 算法挖掘频繁项集原理简单、改型众多，但其在运行过程中需要对数据库进行多次扫描，并产生大量的候选项集，影响运行速度。FP-Growth 算法与 Apriori 算法相比速度大大提高，原因在于不生成候选项集，不用候选测试，使用紧缩的数据结构，能够避免重复的数据库扫描。研究表明，FP-Growth 算法比 Apriori 算法快了 1 个数量级。

（2）FP-Growth 算法与 Apriori 算法分别基于深度优先搜索和广度优先搜索产生频繁项集。FP-Growth 算法只能产生频繁项集，而 Apriori 算法不仅能得到频繁项集，而且能得到强关联规则，这在关联关系分析时更具有现实意义。

（3）GSP 算法在关联序列模式挖掘时非常有用，但缺点也非常明显。GSP 算法在执行过程中对数据集执行多次扫描，算法时间复杂度高；同Apriori 算法一样，GSP 算法生成非常大的候选列表，空间复杂度高，占用大量资源，不适合挖掘长序列模式。

（4）PrefixSpan 算法由于不用产生候选序列，并且前缀投影数据集缩小得很快，内存消耗比较稳定，频繁序列模式挖掘效果很好。比起 GSP 算法，PrefixSpan 算法的序列挖掘有较大优势，因此更适合情报分析。PrefixSpan 算法运行时最大的消耗在于递归地构造前缀投影数据集。如果序列数据集较大，项种类较多，则算法运行速度会有明显下降。

8.4 预警目标关联关系分析算法效果试验

为验证关联共现模式、关联序列模式两类关联关系分析算法的效果，本节采用仿真和公开数据集对两类算法进行试验，分析试验结果及算法适用范围。

8.4.1 试验环境及数据来源

试验环境为 32 位 Windows 7 系统、3.6GHz CPU、8GB 内存，用 Python 语言编程。

试验依据真实数据做了适当重构，得到 1000 条事务数据。本节以挖掘美国"全球鹰"出动的关联规则为例，进行挖掘分析。

同时，为验证关联共现模式算法的性能，本节采用公开数据集 kosarak。该数据集共包含 99 万条样本事务，每条样本事务记录了某互联网用户浏览过的新闻报道页面，其中新闻报道被编码成索引值。

8.4.2 关联共现模式的分析效果

一般来说，关联关系挖掘是由需求牵引的，如寻找美国"全球鹰"对我国侦察的规律及关联因素。对于关联规则 LHS $\Rightarrow$ RHS，LHS 与 RHS 可为包含多个项的项集，一旦需求确定，RHS 就确定了，其常被限制为单个项，而 LHS 所包含项的数目未定。考虑到置信度高的关联规则往往是用户所关心的，选择置信度高的规则输出便于用户解读关联规则、分析活动规律。

按最小支持度 0.3、置信度 0.8，调用 Apriori 算法挖掘关联规则，筛选得到了美国"全球鹰"出动的关联规则集。对关联规则集按照置信度排序后，观察关联规则中置信度最高的 3 条规则，如表 8.4 所示。

结合 3 条规则可以看出，在中国重大节日、演习二等时机，并且机场降雨量不大时，美军都会出动"全球鹰"抵近侦察。

调用 FP-Growth 算法挖掘关联规则，对表 8.4 中所列出的事务寻找频繁项集，得到频繁项：

{国庆,中国大陆地区 Y 型飞机,美国"全球鹰"};

{中国大陆地区 Y 型飞机,演习二,美国"全球鹰"};

{轻度降雨,美国"全球鹰",演习二}。

表 8.4　高置信度关联规则

关联规则	前件	后件	支持度	置信度
R1	国庆 中国大陆地区 Y 型飞机	美国"全球鹰"	0.5	1.0
R2	中国大陆地区 Y 型飞机 演习二	美国"全球鹰"	0.4	1.0
R3	轻度降雨 演习二	美国"全球鹰"	0.4	1.0

可以看到,所得频繁项集与 Apriori 算法得出的一致。但是,Apriori 算法能得到频繁项集的强关联规则。

为验证算法的挖掘分析效率,对公开数据集 kosarak 分别采用 Apriori 算法、FP-Growth 算法进行挖掘分析,支持度阈值设定为 0.1,可得同样的频繁项集。FP-Growth 算法用时 7s,Apriori 算法用时 10min 以上,可见 FP-Growth 算法在挖掘频繁项上有巨大的速度优势。

8.4.3　关联序列模式的分析效果

设置最小支持度计数为 2,调用 GSP 算法挖掘关联规则,对表 8.2 中所列出的序列数据集寻找频繁项集。由于关联序列模式涉及时间戳概念,故所得频繁项集与关联共现模式不同。GSP 算法所得频繁 3 项集如表 8.5 所示。

表 8.5　GSP 算法所得频繁 3 项集

序号	频繁项集	支持度计数
R1	{敌 X 型战斗机,敌 Y 型战斗机,我 J 型战斗机}	3
R2	{敌 Y 型战斗机,我 J 型战斗机} ⇒ {敌 X 型战斗机}	2
R3	{敌侦察机} ⇒ {敌 Y 型战斗机,我 J 型战斗机}	2
R4	{敌侦察机} ⇒ {敌 Y 型战斗机} ⇒ {敌 X 型战斗机}	2
R5	{敌侦察机} ⇒ {我 J 型战斗机} ⇒ {敌 X 型战斗机}	2

可以看到,GSP 算法所得频繁项集与 Apriori 算法所得相比,存在和时间对应的前件和后件,也存在同时出现的项。

设置最小支持度计数为 2，调用 PrefixSpan 算法挖掘关联规则，对表 8.2 中所列出的事务寻找频繁项集，得到相同的频繁项集。

8.4.4 算法的适用范围分析

通常，数据集分为稠密数据集和稀疏数据集。稠密数据集有大量的长尺度和高支持度的频繁模式，在这样的数据集中，许多事件是相似的，如 DNA 分析或股票序列分析。稀疏数据集主要由短模式组成，虽然长模式也存在，但相应的支持度很小，如用户在网站中浏览页面序列等。预警目标关联关系数据集属于典型的稀疏数据集。

Apriori 算法在稀疏数据集上的应用比较合适，不适用于稠密数据集。

GSP 算法更适合有约束条件（如相邻事务的时间间隔约束）的关联序列模式挖掘。

PrefixSpan 算法在两种数据集中都适用，而且在稠密数据集中优势更加明显。与 GSP 算法相比，PrefixSpan 算法的性能更好一些。

Apriori 算法使用较简单，但算法性能较差。PrefixSpan 算法虽然效率高，但实现起来难度大。所以，在预警目标关联规则挖掘分析中更多采用 Apriori 算法的改进算法，以克服 Apriori 算法执行效率不高的缺点。

8.5 本章小结

本章针对预警目标关联关系人工分析难的问题，主要从关联共现模式及关联序列模式两个方面入手，对预警目标关联关系智能分析算法进行了研究。

首先，在对事务数据预处理的基础上，针对具有连续属性的事务项难以直接用关联规则算法挖掘的问题，采用改进的基于熵的属性映射方法，实现了自适应选择最优划分区间，建立了连续属性与离散属性的映射关系，为开展关联规则挖掘奠定了基础；其次，基于 Apriori 算法、FP-Growth 算法对预警目标关联共现模式进行挖掘分析研究，基于 GSP 算法、PrefixSpan 算法对预警目标关联序列模式进行挖掘分析研究；最后，对挖掘得到的频繁项集寻找强关联规则。频繁项集与强关联规则代表了蕴含在大量历史数据中的预警目标与其他相关因素的关联关系。

第9章

预警情报智能分析平台构想

　　算法是预警情报智能分析的灵魂，数据是算法的基础，而平台则是算法运行的环境支撑。本章从预警情报智能分析平台的特点要求出发，对预警情报智能分析需要什么样的平台进行初步构想，提出构建物理上平等、管理上分层的组织架构，设计安全稳定、高可扩展的云体系架构，梳理高效、完备的数据处理分析流程，使读者对预警情报分析体系有一个总体认识，便于读者理解预警情报智能分析算法，为预警情报智能分析体系的工程建设提供参考。

9.1　平台的总体规划

　　由于预警情报智能分析的数据具有典型的大数据特征，为了满足海量结构化数据与非结构化数据的存储和处理，以及预警情报智能分析算法高效运行的要求，平台应采用大数据技术构建。预警情报智能分析平台总体结构如图9.1所示。

　　按照预警情报大数据处理流程，预警情报智能分析平台分为4层，即数据收集层、数据准备层、分析算法层、成果应用层。其中，数据收集层处在挖掘分析体系的底端，与各种预警情报源直接交互，实现对各类预警情报数据的收集，主要由一系列预警情报数据格式转换软件构成；数据准备层为所收集的与预警情报智能分析相关的情报信息提供存储服务并对其组织管理，形成适合预警情报智能分析的数据集合，为预警情报智能分析提供数据基础，由相关的存储硬件及软件组成，硬件有各类分散部署的磁盘、硬盘、光盘等，软件是数据库及文件系统，基本对应 Hadoop 的存储硬件层和存储软件层；分析算法层与预警情报智能分析方法相对应，是整个体系的核心，是系统输出的关键，通过智能分析算法生成各种预警目标特征、活动规律、关联关系等证据性知识，以及相应的算法模型等；成果应用层处在该结构的顶端，直接面向用户、面向任务，是该体系架构的最终输出，安全防护贯穿于该结构的各个层级，向整个体系提供访问控制、容灾备份、加密解密等功能。

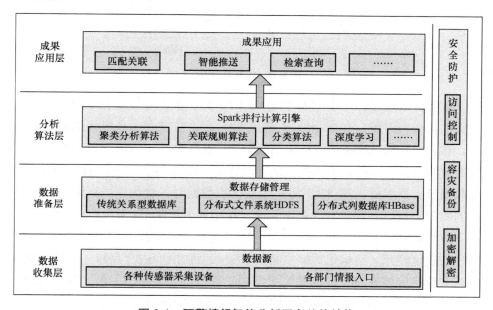

图 9.1　预警情报智能分析平台总体结构

9.1.1　基于 Hadoop 的分布式数据存储

数据存储管理基于 Hadoop 的分布式文件系统（Hadoop Distributed File System，HDFS）构建。HDFS 是整个 Hadoop 体系的基础，有着高容错性的特点，并且设计部署在通用、低廉的硬件上。HDFS 提供高吞吐量功能以访问应用程序的数据，适合那些有着超大数据的应用程序。它主要提供海量结构化数据、半结构化数据与非结构化数据的存储管理服务。HDFS 架构如图 9.2 所示。

名称节点是管理节点，负责管理文件的命名空间及客户端对文件的访问。数据节点是实际存储数据的节点。HDFS 上的文件都是以数据块的形式存储的。

数据冗余存储：一个数据块的多个副本会分布在不同的数据节点上。这种多副本方式可以加快数据传输速度，更加容易检查数据错误，并且能保证数据的可靠性，即使某个数据节点出现故障，也不会造成数据丢失。

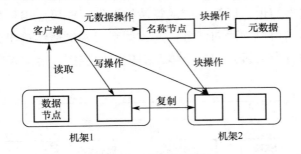

图 9.2　HDFS 架构

数据存取策略：对于数据存储，HDFS 默认的冗余复制因子是 3，即每个文件块会同时保存在 3 个地方，其中两份副本放在同一个机架的不同机器上，第三份副本则放在其他机架的机器上。这样做既可以保证机架发生异常时的数据恢复，也可以提高数据的读写性能。HDFS 提供一个 API 来确定一个数据节点所属的机架 ID。客户端在读取数据时，会优先选择距离自身最近的数据节点所存放的文件副本，而这正是通过机架 ID 来进行辨认的。

结构化数据是由二维表结构来逻辑表达和实现的数据，严格地遵循数据格式与长度规范。结构化数据主要通过关系型数据库进行存储，基于 HDFS 关系型数据库搭建起大规模结构化存储集群，符合大数据平台的存储要求。

半结构化数据是非关系型、有基本结构模式的数据，如日志文件、XML 文档、JSON 文档等，其没有严格的数据结构、数据类型，数据结构多样且易变化。为了有效地管理半结构化数据，通常将其以两种方式存储：一种是存储于传统的关系型数据库中；另一种是存储于不同描述语言的非关系型数据库中。

非结构化数据包括文本、图像、音频、视频、电子表格等。对其进行存储的关键在于实现数据存储接口的统一，并且同时实现根据数据特性的异构存储，保证数据的高可用性与一致性。通过 HDFS 的数据块模式可以很好地存储非结构化数据。

9.1.2　基于 Spark 的分布式并行计算

如今，人们面临的主要问题是不同场景之间输入、输出的数据无法做到无缝衔接，通常需要进行数据格式的转换；不同的软件需要不同的开发和维护团队，带来了较高的使用成本；难以对同一个集群中的各个系统进行统一的资源协调和分配。Spark 可以很好地解决以上问题。Spark 运行架构如图 9.3 所示。

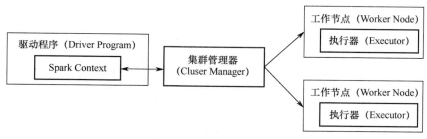

图 9.3 Spark 运行架构

集群管理器：主节点，控制整个集群，监控工作节点（Worker Node）。

工作节点：从节点，负责控制计算节点，启动 Executor 或者 Driver。

驱动程序为每个应用的任务控制节点，相当于整个应用程序的管家，控制任务的执行。

执行器：在每个工作节点上负责具体任务的执行进程。

Spark 是基于内存计算的大数据并行计算框架，支持采用 Apriori 算法或 FP-Growth 算法挖掘海量数据之间的关联规则，挖掘所得的有用关联规则为数据分析模块提供证据支持，可持续为当前基于 Spark 的应用提供数据处理及查询分析服务。

Spark 分布式计算的核心是 RDD，RDD 是弹性分布式数据集的简称，是分布式内存的一个抽象概念，提供了一种高度受限的共享内存模型。一个 RDD 就是一个分布式对象概念，本质上是一个只读的分区记录集合，每个 RDD 可分成多个分区，每个分区可以被保存到集群中的不同节点上，从而可以在集群中的不同节点上进行并行计算。

Spark 充分利用内存计算，并且使用 MapReduce 算子进行并行计算。Spark 继承了 MapReduce 的一些计算上的优势，并且做出了一些改进。在数据量不是特别大时，它可以在 MapReduce 的基础上，将计算得到的中间结果保存在内存中，而不用保存在磁盘上，减少重复操作 HDFS，降低 I/O 和网络传输的消耗。因此，Spark 能更好地应用于一些经常需要迭代的 MapReduce 场景。

9.1.3 基于 Ambari 的平台监控管理

Ambari 是一种基于 Web 的大数据平台管理工具，支持 Hadoop 集群的供应、管理和监控，通过安装向导简化集群管理。其架构如图 9.4 所示。

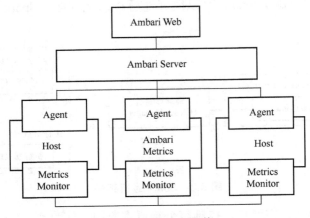

图 9.4　Ambari 架构

Ambari Web 是用户交互界面。

Ambari Server 是 Web 服务器，用于与前端和 Agent 进行交互，并且包含 Agent 的所有控制逻辑。

Agent 是守护进程，主要包含两个队列，一个队列将节点状态与执行结果信息汇报给 Server，另一个队列接收 Server 操作命令。

Host 是安装实际大数据服务组件的主机。

Ambari Metrics 主要用于将监控信息存储到数据库，以及提供 Ambari Server 的查询接口。

Metrics Monitor 主要负责收集并汇报与 Host 相关的指标。

Ambari 是大数据平台监控管理工具，其通过图形化的监控管理方式，方便系统管理及运维人员操作，提高了平台管理效率及便捷易用性。其具有的管理能力如下。

（1）自动部署：提供可视化部署功能，支持向导式的自动部署，大大降低了组件繁多的大数据应用部署的复杂度。

（2）系统监控：提供完备的系统监控功能，以图形化的方式对整个数据中所有集群、组件的状态进行监控。

（3）系统报警：支持报警功能，能够对 CPU、内存、磁盘、服务等进行监控，当达到报警规则中的阈值时，就会发送报警信息。

（4）权限管理：具有统一的用户权限管理功能，支持按级别进行权限配置，方便对系统进行全面的权限管理，避免信息的冗余。

9.1.4　基于 ZooKeeper 的平台高可用

基于 ZooKeeper 的大数据平台高可用架构如图 9.5 所示。

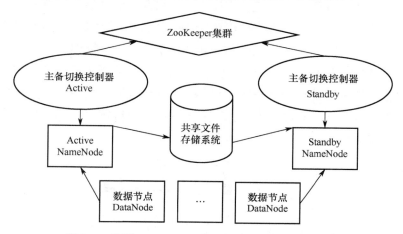

图 9.5　基于 ZooKeeper 的大数据平台高可用架构

基于 ZooKeeper 的大数据平台高可用架构主要包括 Active NameNode 和 Standby NameNode 两部分。两台 NameNode 机器形成互备,一台处于 Active 状态,为主 NameNode;另一台处于 Standby 状态,为备 NameNode,只有主 NameNode 才能对外提供读写服务。

主备切换控制器:作为独立的进程运行,对 NameNode 的主备切换进行总体控制,能及时检测到 NameNode 的健康状况,在主 NameNode 故障时借助 ZooKeeper 实现自动的主备选择和切换。

ZooKeeper 集群:为主备切换控制器提供主备选择支持。

共享文件存储系统:共享文件存储系统是实现 NameNode 高可用的最关键的部分,共享文件存储系统保存了 NameNode 在运行过程中所产生的 HDFS 元数据。主 NameNode 和备 NameNode 通过共享文件存储系统实现元数据同步。在进行主备切换的时候,新的主 NameNode 在确认元数据完全同步之后才能继续对外提供服务。

DataNode:除了通过共享文件存储系统共享 HDFS 元数据信息,主 NameNode 和备 NameNode 还需要共享 HDFS 的数据块与 DataNode 之间的映射关系。DataNode 会同时向主 NameNode 和备 NameNode 上报数据块的位置信息。

9.2 构建物理上平等、管理上分层的组织架构

着眼预警情报智能分析的技术要求，利用前沿的计算机网络技术，以国家骨干通信网络为基础，以多种渠道的通信接入手段为支撑，将预警装备、情报处理单元、智能分析单元、情报用户等连接成一个物理上平等的计算机网络。在组织管理上，依托全国一区域一部队三级分析中心，形成与作战指挥链相匹配的预警情报智能分析平台体系。每个智能分析中心作为分析体系中的一个平台节点，物理上平等，管理上分层。预警情报智能分析平台的组织架构如图 9.6 所示。

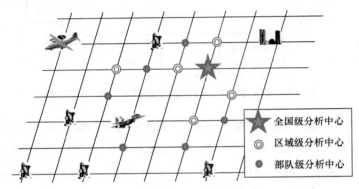

图 9.6　预警情报智能分析平台的组织架构

对各单位收集的数据采用就近原则进行管理、挖掘和分析，当某一分析中心出现故障时，其工作由最近的智能分析中心接替。在管理上，各级任务有一定的区别。

9.2.1　全国级分析中心

全国级分析中心作为预警情报智能分析组织架构的最高级，主要具有统筹、管理、审核、调配的作用，主要职能如下。

（1）情报分析规范制定：组织制定情报分析岗位的规章制度，组织制定各级各类情报分析产品生产过程中的分析流程，规定各级情报分析产品的传输关系，组织制定预警情报分析产品质量评估标准。

（2）情报分析计划与指导：针对情报分析任务，编制情报分析计划，下达情报分析指令，指导部队情报分析工作。

（3）情报分析任务下达：根据战备需求，向各级发送分析任务，包括常规分析任务和临时分析任务。

（4）完成全国预警情报基础数据分析中心的建立：对全国预警情报智能分析体系中的用户信息、情报产品、存储资源、产品分发等进行统一管理。

（5）算法模型审核管理：对区域级、部队级分析中心提交的预警情报智能分析模型和算法进行审核；借助大数据管理技术，建立"模型算法共享池"，发布、共享成熟算法。

（6）情报分析产品收集与管理：收集区域级分析中心的预警情报分析产品，包括目标特征库、活动规律库和目标事件关联关系库等，对情报分析产品进行质量评估并进一步整合，构建"研判证据共享池"，对证据性成果统一调配、管理、发布。

9.2.2 区域级分析中心

区域级分析中心作为组织架构的重要环节，重点研究基于多元异构数据的目标特征提取、活动规律分析、关联因素挖掘等模型算法，主要职能如下。

（1）数据收集：收集预警情报分析所需的各类数据，包括：下属部队收集的原始视频、原始航迹、综合航迹等；航空侦察获取的目标图像数据，电子侦察获取的目标电磁辐射特性和特征参数，技术侦察手段截获的各类语音、文字、通信信息等；引接的民航飞行、气象，以及公安、人防等安防信息；国家体育总局、中国科学院等相关单位组织的飞行活动和掌握的鸟类迁徙信息等。

（2）数据管理：采用分布式存储收集到的多元异构数据，对数据进行集成、清洗、关联、整编等处理。

（3）模型算法研究：基于多元异构数据，研究目标特征提取、活动规律分析、目标事件关联关系挖掘等模型算法，并将模型算法提交给全国级分析中心。

（4）研判证据挖掘：利用全国级分析中心"模型算法共享池"发布的模型算法，基于多元异构数据，提取目标特征、分析活动规律、挖掘目标事件关联关系，并将分析结果提交给全国级分析中心。

（5）预警目标性质研判：利用全国级分析中心"研判证据共享池"发布的目标性质研判证据，结合雷达、技侦、电抗、气象等瞬态信息，以及其他协作单位的预报等，对目标真伪、属性、类型、数量、企图、威胁等级进行综合判断，并将研判结果提交给全国级分析中心。

9.2.3 部队级分析中心

部队级分析中心作为组织架构的主体，重点研究基于预警情报数据的目标特征提取和活动规律分析等模型算法，主要职能如下。

（1）数据收集：接收下属单位上报的原始视频、原始航迹，以及本级情报系统产生的综合航迹等数据。

（2）数据管理：采用分布式存储系统收集到的多源数据，对数据进行集成、清洗、关联、整编等处理。

（3）模型算法研究：基于预警情报数据，研究目标特征提取、活动规律分析等模型算法，并将模型算法提交给区域级分析中心。

（4）研判证据挖掘：利用全国级分析中心"模型算法共享池"发布的模型算法，基于预警情报数据，提取目标特征、分析活动规律，并将分析结果提交给区域级分析中心。

（5）目标性质研判：利用全国级分析中心"研判证据共享池"发布的目标性质研判证据，结合预警雷达掌握的目标瞬态信息，对目标真伪、属性、类型、数量、企图、威胁等级进行综合判断，并将研判结果提交给区域级分析中心。

9.3　搭建安全稳定、高可扩展的云架构

预警情报智能分析具有所用数据海量异构、分析灵活快捷、运行安全可靠等特点。因此，预警情报智能分析平台要能够提供足够的存储能力和计算能力；支持不同位置使用不同终端获取服务；具有容错和计算节点同构可互换能力；具有系统规模可动态伸缩等功能。云平台是满足上述要求的最佳选择。

根据预警情报智能分析平台的组织架构，在全国级分析中心、区域级分析中心、部队级分析中心分别建设私有云平台，不同分析中心的私有云平台通过通信基础网连接，构成一个完整的公有云平台，各级用户根据业务需求就近连接云中心申请服务。基于云平台的系统结构可分为物理支撑层、云操作系统层、基础应用层和应用层，如图9.7所示。

9.3.1　物理支撑层

云平台的物理支撑层主要包括计算资源、存储资源和网络资源等。物理支撑层使用了大量的服务器集群，节点之间通过网络进行连接，并通过防火墙连接到负载均衡设备，使用统一的系统网络拓扑。对于用户来说，云硬件具有无限可扩展性，既可以假定硬件资源无穷多，又可以根据自己的需求动态地使用这些资源，构建云平台的服务器不需要太昂贵。

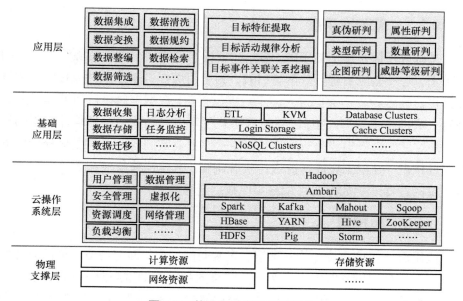

图 9.7 基于云平台的系统结构

9.3.2 云操作系统层

云操作系统是以云计算、云存储技术作为支撑的操作系统，是云计算后台数据中心的整体管理运营系统，是架构于服务器、存储设备、网络等基础硬件资源之上，管理海量基础硬件、软件资源的云平台综合管理系统。

云操作系统一般包含大规模软硬件管理、虚拟计算管理、分布式文件系统、任务/资源调度管理、安全管理控制等模块。其能够管理和驱动海量服务器、存储器等基础硬件，将一个数据中心的硬件资源逻辑上整合成一台服务器，并为应用软件提供统一、标准的接口，同时管理海量的计算任务及资源调配。

云操作系统层可以利用 Hadoop 来整合管理调度海量服务器、存储器等基础硬件；选择 Ambari 来快速搭建配置云操作系统；选用高效的分布式数据收集组件 Kafka 和 Sqoop 来实现海量数据的在线高吞吐及离线的分布式抽取；选用 Hadoop 分布式文件系统来管理非结构化数据；选用分布式、面向列的 HBase 来存储结构化数据；选用 Hadoop 原生 SQL 查询引擎来快速读取本地数据；HAWQ 选用性能优越且易于开发的 Spark 组件来实现对预警情报的挖掘；选用分布式实时大数据处理框架 Storm 来实现空情实时研判识别和装备全功能运用。

9.3.3　基础应用层

基础应用层是承上启下的一层，在云操作系统层提供的资源管理调度的基础上，对一些应用进行分解与封装，为应用层提供基础软件或接口。数据收集接口为多元异构数据进入云平台提供接口。数据存储接口为处理后的数据写入数据库提供写入接口。日志分析软件可以自动收集各种软件产生的日志，并对日志进行集成分析。任务监控软件主要监控各个用户提交分析任务的完成情况，并根据完成情况进行资源调配。数据迁移软件在云平台系统出现故障时选择最优数据迁移策略实现数据迁移。

9.3.4　应用层

应用层处在该系统结构的顶端，直接面向用户、面向任务，负责与用户交互，向用户提供系统输出。例如，收集的数据在经过集成、清洗、变换、规约、整编、检索、筛选后，通过数据存储接口保存到相应的数据库中；通过数据检索从数据库中提取满足条件的数据进行目标判性证据挖掘（包括目标特征提取、目标活动规律分析、目标事件关联关系挖掘）、情报质量评估、装备探测能力分析等，挖掘成果同样被保存到数据库中；利用挖掘成果结合目标瞬态信息进行目标性质研判，包括真伪、属性、类型、数量、企图、威胁等级研判，以及装备的全功能运用。

9.4　梳理高效、完善的数据处理分析流程

预警情报分析是指综合利用多种设备、手段和方法，通过对多级多类预警情报及其相关数据的搜集和积累，充分发挥人脑的作用，基于历史大数据开展证据挖掘分析，基于实时多源信息开展预警目标研判识别分析等工作。

通过上述定义可以看出，预警情报分析是基于预警情报及其相关数据开展的证据挖掘和目标研判识别工作，其核心目的是实现对预警目标的研判识别。预警情报智能分析平台依据预警情报分析的目标梳理预警情报分析流程，如图9.8所示。

首先，要进行预警情报信息采集、整理，积累预警情报大数据，经过集成、清洗等一系列处理后，交给云平台对其进行数据存储管理，并形成数据目录、数据服务和元数据服务；其次，抽取符合需求的数据，进行格式转换，运用大数据的深度挖掘、关联分析等技术，进行目标特性分析，构建研判识

别证据库；最后，通过模板匹配、事件关联、综合分析等技术实现空情的研判识别与威胁等级评估，为指挥人员提供空情研判决策依据。预警情报智能分析算法融入数据挖掘分析和目标研判识别两个阶段之中。

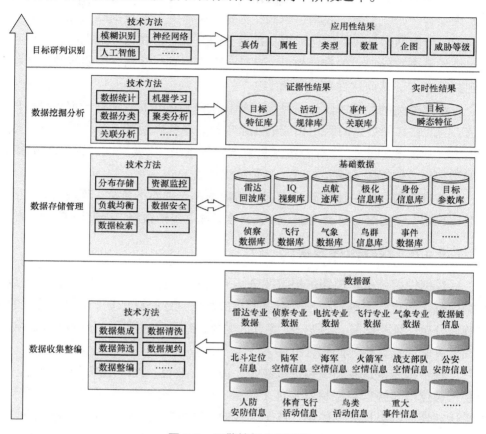

图 9.8　预警情报分析流程

9.4.1　数据收集整编

预警情报分析所需数据除雷达情报外，还需要气象、技侦、公安等情报数据作为支撑，因此在收集雷达情报的基础上，还需要实时引接汇聚中国气象局、国家体育总局、公安部、中国民用航空局、中国科学院等部门的多源情报数据。

由于不同数据源采用的数据格式、度量单位、属性描述等不一定相同，因此需要经过集成、清洗、筛选、规约等一系列处理，才能得到相对完整、准确的数据，但也有一些数据属性需要人工整编才能得到进一步完善。

9.4.2 数据存储管理

收集整编后的数据具有不同的结构,而不同结构的数据采用不同的数据库来保存,如综合航迹数据是结构化数据,采用关系型数据库来保存;原始视频、侦察图像是非结构化数据,采用 HDFS 保存。在保存数据时,需要实时监控各个存储节点的存储资源,当某一节点出现过载时,需要将数据迁移到其他节点,从而达到负载均衡。

收集整编的数据中蕴含着预警目标识别判性的证据,具有一定的分析价值,因此在存储数据时采用相应的冗余策略,避免出现某一节点崩溃导致数据丢失的情况。同时,大部分数据具有一定的密级,需要采取设置访问权限、加密存储、数据隔离等措施来提高数据安全性。

从海量数据中快速准确检索到所需数据是一项新的挑战,可采用分布式数据检索,优化查询解析策略、资源管理策略、容错策略、查询派遣策略等。

9.4.3 数据挖掘分析

数据挖掘分析是预警情报智能分析算法实现的主要任务之一,预警大数据中蕴含的目标多维特征是目标识别和威胁研判的基础依据。运用大数据的统计分析、深度挖掘、关联分析等算法优势,提取目标特征,分析活动规律,挖掘关联因素,构建研判证据库。

基于预警雷达原始视频提取波峰、波宽、波色、波内组织等回波特征,基于极化信息提取目标材料特征(塑料、金属、碳纤维),基于光学图像和雷达图像挖掘目标外形轮廓,基于多普勒(微多普勒)信息获取目标运动特征,基于电子侦察和无源雷达数据获取目标辐射源工作频率、脉宽、重频等参数特征等,据此综合构建多维、全面、可靠的目标特征库,通过定期更新、扩展和完善,可为空情研判识别提供证据基础。

利用数据统计、聚类分析等算法,统计分析出目标在特定区域、特定航线、特定时间反复出现的活动状态,挖掘出不同类型目标规律性的活动区域、活动航线,以及对应的活动时间、飞行高度、速度等基本特征,进而综合分析和归纳总结出目标的活动规律,并将提取的各类目标活动规律按照一定的格式组装后,建立活动库。

运用统计分析和聚类分析方法,提取气象回波产生及鸟类迁徙活动的一般性规律;可基于军队、国家体育总局、公安部等提供的重大活动信息,建立事件关联库。

9.4.4　目标研判识别

目标研判识别是预警情报智能分析算法的核心工作。预警情报分析算法依据目标特征库、活动规律库、事件关联库等证据性结果，结合目标瞬态空防信息的特征、规律提取，利用神经网络、人工智能等方法进行比对分析、关联研判预警目标的真伪、属性、类型和数量。在此基础上，通过对目标库中的目标信息关联，查阅目标的作战能力，再依据目标的运动趋势，结合重点区域、要地目标，研判其企图、评估其威胁等级。

9.5　本章小结

预警情报智能分析算法研究是一个开集问题，它将随着信息技术的发展、人类对战争认知程度的提高、部队作战样式的发展而不断更新换代、迭代升级。预警情报智能分析平台作为预警情报分析算法的重要环境支撑，其本身就是一个宏大的工程。本章从预警情报智能分析的特点需求出发，规划了基于云技术的预警情报智能分析云平台，提出了构建物理上平等、管理上分层的平台组织架构，对云平台的层次架构进行了搭建，梳理了预警情报分析的基本流程。

参 考 文 献

[1] 周志华. 机器学习[M]. 北京：清华大学出版社，2016.

[2] ABRAHAMS S，等. 面向机器智能的 Tensorflow 实践[M]. 段菲，等，译. 北京：机械工业出版社，2017.

[3] BOWLES M. PYTHON 机器学习预测分析核心算法[M]. 沙赢，李鹏，译. 北京：人民邮电出版社，2017.

[4] 蓝江桥. 战略预警体系概论[M]. 北京：军事科学出版社，2011.

[5] 熊家军，金宏斌，田康生，等. 战略预警情报概论[M]. 北京：军事科学出版社，2015.

[6] 丁鹭飞. 雷达原理[M]. 北京：电子工业出版社，2015.

[7] 孟凡君. 雷达大数据存储与分析处理技术研究[D]. 北京：中国舰船研究院，2016.

[8] 邓衍顺. 基于物理驱动与数据驱动特征的飞机目标分类方法研究[D]. 西安：西安电子科技大学，2019.

[9] 邢旻喆. 单兵轨迹分析系统的研究与实现[D]. 成都：电子科技大学，2019.

[10] 孟宪成. 基于决策树的雷达 RCS 目标识别系统设计与实现[D]. 成都：电子科技大学，2019.

[11] 郎泽宇. 基于卷积神经网络的水下目标特征提取方法研究[D]. 哈尔滨：哈尔滨工程大学，2017.

[12] 戴崇. 雷达目标动态 RCS 特性建模方法研究[D]. 长沙：国防科技大学，2013.

[13] 严鑫. 毫米波雷达多目标检测与参数估计算法研究[D]. 南京：东南大学，2017.

[14] 杨崇. 基于规则库的数据网告警识别引擎的设计与实现[D]. 北京：北京邮电大学网络技术研究院，2014.

[15] 欧阳帆. 低空目标探测相控阵雷达回波模拟方法的研究与实现[D]. 成都：电子科技大学，2016.

[16] 何晴. 基于聚类的多层关联规则挖掘算法研究与改进[D]. 上海：上海师范大学，2017.

[17] 逄淑超. 深度学习在计算机视觉领域的若干关键技术研究[D]. 长春：吉林大学，2017.

[18] 梁复台，李宏权，孟庆文，等. 一种空中目标航迹聚类方法研究[J]. 现代防御技术，2020（1）：19-25.

[19] 梁复台，李宏权，张晨浩. 基于深度迁移学习的窄带雷达群目标识别方法[J]. 兵器装备工程学报，2020，41，261（4）：149-153.

[20] 张晨浩，李宏权，梁复台，等. 基于最优聚类个数的空中目标运动特征提取方法[J]. 空军预警学院学报，2020，34（1）：35-38,45.

[21] 梁复台，李宏权，郑茂，等. 空中目标活动规律挖掘分析方法研究[J]. 飞航导弹，2019（12）：68-72.

[22] 梁复台，李宏权，董睿杰，等. 空中目标点航迹信息筛选压缩方法研究[J]. 空军预警学院学报，2018，32（5）：359-363.

[23] 汤景棉，孙合敏，李宏权. 用于空中目标活动规律提取的空间曲线压缩算法[J]. 空军预警学院学报，2017，31：31-35.

[24] 刘凤增，李宏权，肖兵，等. 一种自适应航迹拟合算法[J]. 空军预警学院学报，2017，31：424-426，435.

[25] 刘帅，杨松，等. 海空目标航迹数据清洗方法和流程研究[J]. 网络空间安全，2017，8（Z4）：83-87.

[26] 朱得糠，刘永祥，李康乐，等. 基于雷达相位测距的微动特征获取[J]. 宇航学报，2013，34（4）：574-582.

[27] 赵振冲，王晓丹，毕凯，等. 基于一维距离像的弹道中段目标特征提取[J]. 计算机科学，2015，42（1）：257-260.

[28] 施西野，田巳睿. 基于瞬时频率特征提取的弹道目标识别[J]. 信息化研究，2017（3）：17-23.

[29] 黄赞杰. 基于离散点迹的直线运动目标径向速度分析研究[J]. 科技视野，2018，245（23）：45-47.

[30] 陈勇. 一种目标航迹数据聚类挖掘分析方法[J]. 无线电工程，2015，45（3）：22-24.

[31] 朱进，胡斌，邵华. 基于多重运动特征的轨迹相似性度量模型[J]. 武汉大学学报（信息科学版），2017，42（12）：1703-1710.

[32] 李陆军，丁建江，胡磊，等. 基于运动特征的弹道导弹目标识别技术[J]. 飞弹导弹，2017（8）：89-96.

[33] 张乐，张国玉，安志勇. 基于时空方向能量理论的目标运动特征提取方法[J]. 装备制造技术，2018，000（6）：105-108.

[34] 邵云，王恒立，张何建，等. 低分辨率雷达基于波形特征的目标识别[J]. 舰船电子对抗，2015（4）：68-71，75.

[35] 王家宝，李阳，张耿宁，等. 合成孔径雷达图像目标的卷积神经网络识别框架[J]. 计算机应用研究，2017，34（5）：1597-1600.

[36] 王超学，潘正茂，马春森，等. 改进型加权 *KNN* 算法的不平衡数据集分类[J]. 计算机工程，2012，38（20）：160-163.

[37] 姚相坤，万里红，霍宏，等. 基于多结构卷积神经网络的高分遥感影像飞机目标检测[J]. 计算机工程，2017，43（1）：259-267.

[38] 黄亚林，张晨新，张小宽，等. 基于动态 RCS 的机动目标探测概率计算方法[J]. 探测与控制学报，2018，40（1）：54-59.

[39] 冯周，左鹏飞，刘进军. 大数据存储技术进展[J]. 科研信息化技术与应用，2015，6（1）：18-28.

[40] 孟龙梅，数据挖掘过程中数据清洗的研究[J]. 通化师范学院学报，2015：7-10.

[41] 郭继光，黄胜. 基于大数据的军事情报分析与服务系统架构研究[J]. 中国电子科学研究院学报，2017，12（72）：61-65，85.

[42] 李丹，黄照祥，卢建春. 基于云架构的军事信息系统概念及机理研究[J]. 中国电子科学研究院学报，2017，12（72）：37-42.

[43] 冯军，吴奇，章力，等. 基于大数据的移动互联网用户感知问题定位方法研究与运用[J]. 电信技术，2015，9：9-13.

[44] 张春磊，杨小牛. 大数据分析（BDA）及其在情报领域的应用[J]. 中国电子科学研究院学报，2013，8（1）：18-22.

[45] 杨刚，杨凯. 大数据关键处理技术综述[J]. 计算机与数字工程，2016：4.

[46] 古秦弋，杨瑞娟，黄美荣. 基于内容相似度的雷达情报筛选技术[J]. 空军预警学院学报，2017，6：190-193.

[47] 高强，张凤荔，王瑞锦，等. 轨迹大数据：数据处理关键技术研究综述[J]. 软件学报，2017，11：959-992.

[48] 牟乃夏，徐玉静，等. 移动轨迹聚类方法研究综述[J]. 测绘通报，2018，1：1-17.

[49] 郭黎敏，高需，等. 基于停留时间的语义行为模式挖掘[J]. 计算机研究与发展，2017，1：111-122.

[50] 石陆魁，张延茹，张欣. 基于时空模式的轨迹数据聚类算法[J]. 计算机应用，2017，3：854-859，895.

[51] 王佳玉，张振宇，褚征，等. 一种基于轨迹数据密度分区的分布式并行聚类方法[J]. 中国科学技术大学学报，2018，1：47-56.

[52] 牟军敏，陈鹏飞，等. 船舶 AIS 轨迹快速自适应谱聚类算法[J]. 哈尔滨工程大学学报，2018，12：428-432.

[53] 杨树亮，毕硕本，等. 一种出租车载客轨迹空间聚类方法[J]. 计算机工程与应用，2018，7：249-255.

[54] 何爱林，周德超，等. 基于轨迹聚类的运动趋势分析[J]. 海军工程大学学报，2017，10：103-107.

[55] 秦昆 王玉龙，等. 行为轨迹时空聚类与分析[J]. 自然杂志，2018，6：177-182.

[56] 张文元，谈国新，朱相舟. 停留点空间聚类在景区热点分析中的应用[J]. 计算机工程与应用，2018，2：263-270.

[57] 何明，仇功达，等. 基于改进密度聚类与模式信息挖掘的异常轨迹识别方法[J]. 通信学报，2017，12：21-33.

[58] 孙宗元，方守恩. 基于模糊聚类的车辆运动轨迹建模[J]. 同济大学学报（自然科学版），2017，5：699-704.

[59] 蒋华，郑依龙，王鑫. 基于轨迹信息熵分布的异常轨迹检测方法[J]. 计算机应用研究，2018，6：1655-1659.

[60] 周培培，丁庆海，等. 基于DBSCAN聚类算法的异常轨迹检测[J]. 红外与激光工程，2017，5：238-245.

[61] 谢彬，张琨，等. 移动目标关联共现规则挖掘算法研究[J]. 计算机工程，2018，8：61-67，73.

[62] 黄俊杰，谭波，等. 用Apriori关联规则挖掘算法发现湖北电网雷击灾害的时空分布规律[J]. 应用科学学报，2017，1：31-41.

[63] 孙广婷，李丹，等. 云计算下Spark并行Apriori算法林业病虫害防治研究[J]. 森林工程，2018，7：1-7.

[64] 范少伟，严振华，闫彬，等. 不明空情处置的难点及对策[J]. 空军雷达学院学报，2018，32（5）：329-333.

[65] 付婷婷，汤景棉，肖兵，等. 基于大数据的预警情报分析系统研究[J]. 空军预警学院学报，2018，32（2）：5.

[66] 陈朝晖，宋洪良，唐小明. 不同压缩算法对雷达数据的压缩效果研究[J]. 舰船电子工程，2016，36（9）：57-61.

[67] 陈璐，马可，李重阳. 一种气象雷达数据混合压缩算法[J]. 计算机与数字工程，2017，45（3）：444-447.

[68] 宋洪良，唐小明，张涛，等. 用于雷达数据实时传输的LZW算法优化[J]. 雷达科学与技术，2016，14（4）：398-402.

[69] 宋岩，刘利民，韩壮志. 雷达航迹数据压缩方法研究[J]. 电光与控制，2017，24（4）：89-92.

[70] 李昌玺，徐颖，王峰，等. 战略预警情报体系构建问题研究[J]. 飞航导弹，2018，11：6.

[71] 郑乐，隋东，张军峰，等. 基于转弯点聚类的航空器飞行轨迹分析[J]. 武汉理工大学学报（交通科学与工程版），2015，39（1）：139-143.

[72] 张冉，夏厚培. 一种新的 K-Means 聚类雷达信号分选算法[J]. 现代防御技术，2015，43（6）：136-141.

[73] 张良，陶海军，杨钒，等. 模糊聚类的多雷达航迹关联算法[J]. 现代防御技术，2017，45（6）：113-117.

[74] 于进勇，丁鹏程，王超. 卷积神经网络在目标检测中的应用综述[J]. 计算机科学，2018，45（S2）：17-26.

[75] 刘健，袁谦，吴广，等. 卷积神经网络综述[J]. 计算机时代，2018，11：19-23.

[76] 周飞燕，金林鹏，董军. 卷积神经网络研究综述[J]. 计算机学报，2017，40（6）：1230-1247.

[77] 杨真真，匡楠，范露，等. 基于卷积神经网络的图像分类算法综述[J]. 信号处理，2018，34（12）：1474-1489.

[78] 崔妍，包志强. 关联规则挖掘综述[J]. 计算机应用研究，2016，33（2）：330-334.

[79] 张军阳，王慧丽，郭阳，等. 深度学习相关研究综述[J]. 计算机应用研究，2018，35（7）：1921-1928,1936.

[80] 周俊宇，赵艳明. 卷积神经网络在图像分类和目标检测应用综述[J]. 计算机工程与应用，2017，53（13）：34-41.

[81] 王惠. 迁移学习研究综述[J]. 电脑知识与技术，2017，13（32）：203-205.

[82] 李琳琳. 自适应阈值的 Sobel 算子边缘检测研究[J]. 电子技术，2018，47（12）：24-25，12.

[83] 黄文秀. 数据挖掘技术及应用研究[J]. 网络安全技术与应用，2018，7：59-60，68.

[84] 张晓海，操新文，耿松涛，等. 基于深度学习的军事辅助决策智能化研究[J]. 兵器装备工程学报，2018，39（10）：162-167.

[85] 张野，李明超，韩帅. 基于岩石图像深度学习的岩性自动识别与分类方法[J]. 岩石学报，2018，34（2）：333-342.

[86] 张婧，曹峰，唐超. 基于遗传算法和变精度粗糙集的离散化算法[J]. 华中师范大学学报（自然科学版），2018，52（3）：322-328.

[87] 毛宇星，陈彤兵，施伯乐. 一种高效的多层和概化关联规则挖掘方法[J]. 软件学报，2011，22（12）：2965-2980.

[88] 张玲玲，周全亮，唐广文，等. 基于领域知识和聚类的关联规则深层知识发现研究[J]. 中国管理科学，2015，23（2）：154-161.

[89] 林甲祥，巫建伟，陈崇成，等. 支持度和置信度自适应的关联规则挖掘[J]. 计算机工程与设计，2018，39（12）：3746-3754.

[90] 李广璞，黄妙华. 频繁项集挖掘的研究进展及主流方法[J]. 计算机科学，2018，45（S2）：1-11，26.

[91] 刘建树，李健维，刘霖. 基于改进兴趣度的船舶关联规则挖掘[J]. 舰船电子工程，2019，39（1）：78-82.

[92] 闫密巧，过仲阳，任浙豪. 基于聚类关联规则的公交扒窃犯罪时空分析[J]. 华东师范大学学报（自然科学版），2017，3：145-152.

[93] KALCHBRENNER N, DANIHELKA I, GRAVES A. Grid Long Short-term Memory[J]. arXiv Preprint, 2015, 1507-1526.

[94] HE K, ZHANG X, REN S, et al. Deep Residual Learning for Image Recognition[C]// 2016 IEEE Conference on Computer Vision and Pattern Recognition (CVPR). IEEE, 2016.

[95] CHINRUNGRUENG C, SEQUIN C H. OPTIMAL Adaptive K-Means Algorithm with Dynamic Adjustment of Learning Rate[J]. IEEE Trans on Neural Networks, 2014, 6(1): 157-169.

[96] AGRAWAL R, SRIKANT R. Fast Algorithms for Mining Association Rules[C]. In Proc. 20th Int'I Conf. Very Large Data Bases (VLDB), 2014: 487- 499.

[97] SHIH D H , SHIH M H , YEN D C , et al. Personal mobility pattern mining and anomaly detection in the GPS era[J]. Cartography and Geographic Information Science, 2015, 43(1): 1-13.

[98] DOBRKOVIC A, IACOB M E, VAN H J, et al. Towards an approach for long term AIS-based prediction of vessel arrival times[M]. Berlin: Springer, 2016.

[99] BROWN M, SMITH C, HANFORD A. Novel algorithm for acoustic classification of unmanned aircraft systems[J]. Journal of the Acoustical Society of America, 2016, 140(4): 3119-3119.

[100] ZHUJUN Z, GENLIN J I. Research Progress of Spatial-temporal Trajectory Classification[J]. Journal of Geo-Information Science, 2017.

[101] MARTÍNEZBALLESTEROS, MARÍA, BACARDIT J, TRONCOSO A, et al. Enhancing the scalability of a genetic algorithm to discover quantitative association rules in large-scale datasets[J]. Integrated Computer-Aided Engineering, 2015, 22(1): 21-39.

[102] MORADI M, KEYVANPOUR M R. An analytical review of XML association rules

mining[J]. Artificial Intelligence Review, 2015, 43(2): 277-300.

[103] ZHU B, MARA A, MOZO A. CLUS: Parallel Subspace Clustering Algorithm on Spark[M]. Switzerland: Springer, 2015.

[104] SHARMA T, SHOKEEN V, MATHUR S. MULTIPLE K-Means++ Clustering of Satellite Image Using Hadoop MapReduce and Spark[J]. 2016.

[105] RATHEE S, KAUL M, KASHYAP A. R-APRIORI: An Efficient Apriori based Algorithm on Spark[C]//Workshop on Phd Workshop in Information & Knowledge Management, ACM, 2015.

[106] QING-PENG L I, LONG-JUN Z, XIN-YUAN G. I-APRIORI: An Improved Apriori Algorithm Based on Spark Platform[J]. Science Technology and Engineering, 2017.

[107] GASSAMA A D D, CAMARA F, NDIAYE S. S-FPG: A parallel version of FP-Growth algorithm under Apache Spark™[C]//IEEE International Conference on Cloud Computing & Big Data Analysis, IEEE, 2017.

[108] GONZALEZ-LOPEZ J, VENTURA, SEBASTIÁN, CANO A. Distributed nearest neighbor classification for large-scale multi-label data on spark[J]. Future Generation Computer Systems, 2018: S0167739X17327759.

[109] ALONSO J M, BUGARIN A, REITER E. Natural Language Generation with Computational Intelligence[J]. IEEE Computational Intelligence Magazine, 2017, 12(3): 8-9.

[110] MASH R, BORGHETTI B, PECARINA J. Improved Aircraft Recognition for Aerial Refueling through Data Augmentation in Convolutional Neural Networks[C]// International Symposium on Visual Computing. Springer International Publishing, 2016.

[111] ALSHEIKH M A, NIYATO D, Lin S, et al. Mobile big data analytics using deep learning and apache spark[J]. IEEE Network, 2016, 30(3): 22-29.

[112] SAMIRA P, SAAD S, YILIN Y, et al. A Survey on Deep Transfer Learning[J]. ACM Computing Surveys (CSUR), 2018, 51(5): 1-36.

反侵权盗版声明

电子工业出版社依法对本作品享有专有出版权。任何未经权利人书面许可，复制、销售或通过信息网络传播本作品的行为；歪曲、篡改、剽窃本作品的行为，均违反《中华人民共和国著作权法》，其行为人应承担相应的民事责任和行政责任，构成犯罪的，将被依法追究刑事责任。

为了维护市场秩序，保护权利人的合法权益，我社将依法查处和打击侵权盗版的单位和个人。欢迎社会各界人士积极举报侵权盗版行为，本社将奖励举报有功人员，并保证举报人的信息不被泄露。

举报电话：（010）88254396；（010）88258888

传　　真：（010）88254397

E-mail：　dbqq@phei.com.cn

通信地址：北京市海淀区万寿路 173 信箱
　　　　　电子工业出版社总编办公室

邮　　编：100036